U0046929

在 時 間 裡 ， 散 步

walk

walk 034

請以真名呼喚我：一行禪師詩集

作者：一行禪師（Thich Nhat Hanh）

譯者：釋真士嚴、阮荷安、劉珍

責任編輯：潘乃慧

封面設計、繪圖：王春子

校對：聞若婷

出版者：大塊文化出版股份有限公司

105022 台北市松山區南京東路四段 25 號 11 樓

www.locuspublishing.com

讀者服務專線：0800-006689

TEL：(02)87123898　FAX：(02)87123897

郵撥帳號：18955675　戶名：大塊文化出版股份有限公司

印務統籌：大製造股份有限公司

法律顧問：董安丹律師、顧慕堯律師

版權所有　翻印必究

總經銷：大和書報圖書股份有限公司

地址：新北市新莊區五工五路 2 號

TEL：(02) 89902588　FAX：(02) 22901658

初版一刷：2024 年 7 月

定價：新台幣 500 元

Printed in Taiwan

一行禪師詩集

請以真名呼喚我

Call Me by My True Names
The Collected Poems of Thich Nhat Hanh

一行禪師 Thich Nhat Hanh 著

釋真士嚴、阮荷安、劉珍 譯

目次

導言

王鷗行

現代史上最具代表性的老師之一，將詩歌作為分享和探索人類內在智慧的媒介，絕非偶然。如果我們追溯到咸認影響了社會制度和思想的古代史詩，如《吉爾伽美什史詩》（*Epic of Gilgamesh*）、《伊利亞德》（*Iliad*）和《金雲翹傳》（*Tale of Kiều*）等作品，直到今天仍被人們所感受和踐行，我們會在這些文本中發現一個核心紐帶：將詩歌當作公民參與的媒介，不是作為論戰，而是強大而複雜的架構——其中公民的角色與社會的關係變得寬廣而複雜。換句話說，詩歌作品一直是相即的作品。

在 Thầy（老師）圓寂後的幾天裡，多家媒體邀請我以佛教作家的身分，就這一重大事件發表講話，但我婉言謝絕了，因為我有什麼可說的呢？Thầy 還有什麼教誨是尚未鞏固，不言而喻的？他的修行和畢生工作，始終是為我們面對這一刻做好準備，進而為我們自己在俗世中的悲痛做好準備。我一直認為，什麼都不做，比缺乏強烈的意願或適當的條件而去做，要來得明智。但是，當一行禪師基金會執行董事丹尼斯‧阮（Denise Nguyen）聯繫我，希望我跟我們的社群分

享，並為《請以真名呼喚我》新版撰寫文章時，這些呼喚對我來說是有意義的，因為我能夠作為你們中的一員，與你們對話。

　　眾所周知，語言和聲音是我們最古老的傳播媒介。Narrative（敘事）一詞的詞根是 gnarus，在拉丁語中是知識的意思。因此，所有故事首先是知識的翻譯。不僅如此，它們還是能量的傳遞。正如 Thầy 所教導的那樣，能量不會消逝。作為一名詩人，這是我每天都要面對的真理。因為閱讀一篇文章，即使是公元前十七世紀創作的文章，也是在接受四千多年前的思想所產生的語言能量。這樣，說話是為了生存，教學即是將我們的思想帶向未來。這篇文字彙集了 Thầy 和佛陀的教誨，是傳遞給未來世代的筏子。我們有這樣的共識，因為我們一直依附著這艘木筏。作為一個物種，我們擁有這樣的媒介是多麼幸運。我相信，儘管醫學和科學有重大的發展，語言仍是我們最先進的技術。我們應該致力為所有有情眾生建造新的木筏。我們的工作，正如 Thầy 的工作，是跨越多個時代和無數領域，帶來解脫的悠久傳統的一部分。

　　是的，能量，甚至人，都不會真正死去。但我也必須說，作為一個還不具備出家修行功德的在家修行者，我必須承認，看到 Thầy 的遺體準備火化的那一刻，我的心都碎了。我知道 Thầy 經歷了死亡和臨終，

正如佛陀教導我們的那樣，死亡和臨終是所有眾生必須經歷的痛苦過程之一。由於我的修行不夠堅定，我含著淚水觀看了 Thầy 的葬禮隊伍，既為他所建立的美麗社群而流淚，也為我心中的巨大悲痛而流淚。我為自己流淚，也為其他尚未有智慧和功德來承受這種痛苦的人流淚。

二〇一九年十一月，我的母親身患癌症，彌留之際，四肢的熱度已經消退。她用微弱的聲音對我說："Con ơi, giờ con đã biết nỗi đau này, con phải đi giúp người ta nghe."（我的孩子，你既然認識了這種病，就必須用這些知識去幫助別人。）我的母親雖不識字，但會背誦越南佛經，並經常用她的 iPhone 聆聽 Thầy 的教誨。我告訴她：「好的，我不會白白經歷這種痛苦。」既然我們中的許多人都為 Thầy 的圓寂而感到痛苦，我認為將悲傷視為一種能量，也是很有幫助的。願我們讓悲傷教會我們如何生活。讓它成為蓮花的淤泥，就像 Thầy 所說的那樣。讓我們和它坐在一起，讓它穿越我們，從而將它轉化為類似愛的東西。我的母親從 Thầy 那裡學到，痛苦可以轉化為知識。這不就是語言的作用嗎？

我謙卑地祈請各位，特別是我們的法師和長老們，因為你們已經「出家」，因此是人類現象的真正先驅。我謙卑地請求你們，在你們的修行中，尋找所

有可能改變悲傷的方法（我相信你們已經這樣做了）。而我們這些「在家」修行者，將追隨你們的腳步。在我看來，這就是為什麼出家人是勇氣的真正化身，是比任何曾經舉起刀劍的人都更安穩、堅決的戰士：你們選擇了剃度，向人類知識懸崖之外的廣袤未知進軍，而我們則留在相對安全和舒適的地方，等待著你們的發現，隨時準備出發。

有人說，悲傷其實就是愛——但卻無處可去。在這個很可能占據我餘生的探索之中，我問自己，也問你們，親愛的社群：我們應該去向何方，無論是在我們之內，還是我們之外？現在，我們有了如此寬敞的木筏，可以容納如此多的人，再加上 Thầy 的教誨，也許還會有悲傷，但已經沒有恐懼了。

知道你們一直都在，當你們坐下來，當你們跟隨呼吸，當你們供養，便是在探索答案。知道你們就在我們的前方，我可以在路上瞥見你們明亮的長袍，就像灰塵中的陽光碎片，我怎麼會害怕呢？更有甚者，我又怎麼會迷失呢？

沒錯，我很悲傷。我還會難過一段時日。儘管如此，或者正因如此，我還是找到了你。在你身上，我找到了自己。

那就是敘事，那就是知識。而詩歌，包括這些詩歌，使之成為可能。

以希望和文字寫就——

王鷗行（Ocean Vuong，法名：德海）

二〇二二年五月
麻薩諸塞州北安普頓

譯者序
一懷抱一懷抱的詩

沒想過能完成一行禪師詩集的翻譯。禪師喜歡詩。二〇一四年中風前，每年大年三十都會和弟子們一起吟詩賞詩。禪師的許多詩已譜成曲。當然，在賞詩聚會中，弟子們會準備吉他、古琴等樂器伴奏，獻上一首又一首的詩歌。禪師是那麼自在歡喜，這一天總是笑容滿面。要瞭解禪師，不可能不讀他的詩。

禪師出版的第一本著作是詩集。一九四九年秋，越南龍江出版社出版了《秋昏笛聲》（*Tiếng Địch Chiều Thu*），收錄了五十首詩和一個劇本。那年禪師二十三歲，還很年輕。禪師初為人熟悉，並不是以僧人或法師的身分，而是作為一位詩人。禪師開創自由詩體，詩集出版後，認識他的人漸漸多了。禪師以詩會友，經常跟志同道合的年輕僧人和越南著名詩人一起分享詩作。

一九五四年，禪師在印光佛學院教書時，完成了大學學業，以法越文學專業學士學位，從新成立的西貢大學文學院（Faculté des Lettres de l'Université）畢業，並繼續創作詩歌，撰寫文章和書籍。

翻譯禪師的詩是一個大工程。多年來，一直不敢

翻譯這本詩集，因為覺得這是極之艱難、甚至是不可能的事。禪師的詩，除了幾首以英文創作外，其他均以越文寫就。我們知道，如果從英文翻譯成中文，會跟原本的詩作有很大距離，因為文化和語法上的差異，從越文翻譯成英文時做了許多修改、添加和減少。所幸越文和中文非常相似，均是單音字，文法也相近。因此，我們決定盡可能從原本的越文詩集《一懷抱一懷抱的詩，一滴一滴的太陽》翻譯成中文，希望能接近詩歌的原貌。中文詩集收錄了一百四十三首詩，包括二十多首尚未翻譯成英文的詩。越文詩集中的一些註釋，也加入了中文詩集。詩的排列次序，則依據越文詩集。

　　三位譯者身處三個不同的國家。我在法國梅村和梅村鄰近巴黎的梅村禪修中心，阮荷安在越南胡志明市，劉珍在中國上海。我們透過現代科技一起賞詩論詩，每人負責翻譯部分詩篇。感謝荷安對越文、中文和漢越語的細緻理解，豐富的翻譯經驗，以及多年來對文學和佛學的研究和教學，為我們理解和翻譯禪師的詩作提供莫大的幫助。劉珍一直從事寫作，對詩歌充滿熱誠，這幾年翻譯了禪師的多本著作，由她來做整本詩集的最後把關和潤飾，最適合不過。

　　年前，在英國「米香共修團」的週末廣東話禪營中，我建議安排一個賞詩的環節，一起欣賞禪師的中

文詩歌。沒想到大家都很歡喜，感覺新鮮，並且深受感動。希望那只是一個開始，我們將延續禪師喜愛的詩歌聚會。

在此，希望提出越語的一個特點。越語雖有「你」和「我」的說法，但習慣上鮮少使用，反而常用親屬稱號來稱呼彼此，習慣將家族關係延伸到社會關係中，因此不管說話還是書寫，皆常只見到「兄」、「弟」、「姊」、「妹」、「嬸」、「叔」……這也見於禪師的詩中。

每一首詩，都充滿禪師對弟子和眾生的慈悲與無邊的愛。每一首詩的翻譯，也充滿了弟子對禪師的感恩和尊敬。翻譯和校對時，有很多感動的時刻。儘管盡心盡力，仍難免有不足之處，願朋友們見諒。

感謝大塊文化出版發行這本詩集，讓弟子們能以詩報師恩，以詩結緣。

釋真士嚴

二〇二四年五月二十三日
法國 Maison de L'inspir

I

一懷抱一懷抱的詩，
一滴一滴的太陽

老師在尋找他的學生

（原詩題：森林邊，梅樹繁花似錦）

老師在尋找你，我的孩子，
自天地伊始，山河無名。
老師在尋找你，
當萬物依然在等待陽光的來臨。
老師在尋找你，
縱使螺號聲聲，響徹十方，
你依舊在沉睡。

未曾離開古老群山，遙望遠方大地，
老師於萬千道路中認出你的腳步。
我的孩子，你要去往何處？

有時，迷霧漸進，籠罩孤村，
而你飄泊的腳步依然走在遠方的土地上。
老師於每一次呼吸中呼喊你的名字，
深信，即使你迷了路，
也將找到回到老師身邊的路。
有時，老師出現在你正行走的路上。
你看著我，恍若陌路。

你看不到我們的前緣，
記不起曾許下的願。
你沒有將老師認出，
因為你的心，在憂思遙遠未來。

前世，你常執我手，一起漫步，
在古柏青松下促膝久坐。
我們並肩，默然佇立，
靜聽風的溫柔低吟，
仰望白雲掠過。
秋天的第一片紅葉落下，
你拾起贈予我。
老師曾帶你穿過皚皚白雪的樹林，
不論去往何方，
我們終將回歸那古老的山，
與星月為伴，
在每個清晨邀請洪鐘響起，
喚醒沉睡的生靈。

我們曾與竹林大師一起靜坐於安子山上，
身旁老緬梔樹的花兒盛放，陣陣芬芳。
我們曾乘船出海，解救漂泊中的船民，
曾幫助萬行禪師設計京城昇龍，

曾一起在江邊共建草庵，結網營救濯泉，

當錢塘江岸震耳欲聾的隆隆聲響起。

我們曾一起開拓走向無垠的方外天之路，

經年累月的修行，戳穿時間之網，

曾蓄起流星的光，

照亮那些在歲月中漂泊的人，

幫助他們踏上回家的路。

然而，有些時候，

你內在流浪的種子萌發，

離開老師，離開兄弟姊妹，

踽踽獨行。

我望著你，滿懷慈悲，

雖然老師知道這不是真正的分離，

因為我已在你身體的每一個細胞裡。

而你，還需要再一次出演窮子。

因此老師發願，無論何時，

當你處在危險之中，我將為你而在。

有時你躺在沙漠邊陲滾燙的沙地上，昏迷不醒，

我化作一朵雲，為你帶去蔭涼，

半夜再化作慈悲雨露，滴入你的口中。

當你坐於黑暗深淵，遠離自己真正的家，
我化作一條長梯，輕輕放落，
讓你拾階而上至光明地，
再次發現天藍、溪水聲和鳥兒的歡唱。

有時，老師在伯明罕認出你，
在杜靈或新英格蘭認出你，
有時，在杭州、廈門、上海遇見你，
有時，在聖彼得堡或柏林找到你。
有時，你雖只有五歲，
我也已看到你，認出你，
因為在你柔軟的心裡有菩提種子。
我的孩子，見到你，
我便對你揮手示意，
不論京北、西貢，還是順安港。

有時，你是空中的一輪金色滿月，
照耀金山頂。
有時你是冬夜掠過大老樹林的一隻鳥兒。
老師常常見到你，
你卻未看見我。
你行色匆匆，夜晚的迷霧打濕你的衣襟。
最終，你會回家。

你已歸來，坐在老師身旁，在古老的山腳下，

聆聽鳥兒歡唱，猴子嬉鬧。

晨誦從禪堂傳出，餘音繞樑，

你已回到老師身邊，從此不再流浪。

今早，山間鳥兒歡快地迎來閃耀的太陽。

你知道嗎，我的孩子，

白雲依然在蒼穹飄浮，

你現在何處？

古老的山川依舊在當下此地，

白色的浪花仍想去往他方。

再看一看，

你將看到老師在你之中，

也在每一片葉子和花朵中。

當你呼喚老師的名字，你將立刻見到我，

你要去往哪裡？

老桂樹今晨奉上芳香，

你我從未分離。

春天已至，

松樹長出閃亮的綠色松針，

森林邊，梅樹繁花似錦。

譯註：萬行禪師（938-1018）：越南名僧，為前黎朝（980-1009）國師，有功於擁立李公蘊（974-1028）建立李朝（1009-1225），並輔助兩個朝代得以和平轉讓權力。李公蘊稱帝後，將越南的國都從華閭（今寧平省）遷都到昇龍城（今首都河內），是將越南國家從固守轉向發展的戰略性決定。

灈泉是越南文學名著《翹傳》中女主角王翠翹出家時的法號，在紅塵中生活十五年後，她絕望地在錢塘江投江自盡，但覺緣法師預知此事，提前在江邊等候，所以及時將她救上岸。

一懷抱一懷抱的詩，一滴一滴的太陽

空間上的陽光，

陽光上的詩。

詩製造陽光，

陽光製造詩。

太陽儲存在苦瓜心，

詩蒸發成冬日湯碗上的熱氣。

當外面的風在呼嘯，

詩隨風回到昔日洲嶼，

貧窮草屋依然佇立於江邊等待。

詩在每一滴春雨裡，

詩在每一點紅火中。

陽光儲藏在香木心，

暖煙將詩帶回外史。

陽光缺席於虛空，

但紅色爐火蓄滿陽光。

陽光上升成煙色，

詩凝聚成霜霧色。

陽光存儲於每一滴春雨，

雨滴彎身親吻大地，讓種子萌芽，

詩跟隨雨水回到每一片葉子。

陽光成綠，

詩成粉紅。

蜂翼載著陽光將溫暖傾倒於花萼，

詩隨著陽光回到遠方的樹林喝蜜。

蝴蝶與蜜蜂聚集，

熱鬧窸窣喧譁地，

擠滿了大地。

陽光創作舞曲，

詩創作歌詞。

汗水滴在乾地，

詩在田間飛舞。

鋤頭在肩，

詩隨呼吸節奏進出。

陽光落在江邊，

黃昏的影子徘徊猶豫。

詩去往天際，

光輝正堆疊在雲層。

太陽灑在一籃嫩綠鮮蔬，

也灑向一碗香甜的八月米。

詩在孩子的眼睛裡，

詩在曬黑的皮膚中，

詩在每一個專注的眼神，

詩在每一雙照料偏僻酸土鹹水的手。

太陽在向日葵上綻放燦爛笑容，

太陽在八月仙桃肥美的果實。

詩在禪觀的每一個腳步，

詩在每一行字。

詩在每一個謹慎蓋上的盒子裡——

滋養愛。

這首詩有許多相即的意象。太陽是
綠色，因為你可以從蔬菜中認出
它。詩誕生於火爐中燃燒的木頭。
沒有它，我無法寫作。這首詩的最
後幾行談及幫助飢餓兒童的工作。

真愛

你的眼睛是六大，
美麗燦爛，
我怎麼能把它們據為己有？
我怎麼能使之不滅？
但在心靈深處，我知道，
雙手緊握中，
你的眼睛已不真的是你的眼睛。

你的聲音是六大，
清澈美妙，
我怎麼能把它據為己有？
我怎麼能使之不滅？
但在心靈深處，我知道，
雙手緊握中，
你的聲音已不真的是你的聲音。

你的笑容是六大，
光彩無比，
我怎麼能把它據為己有？
我怎麼能使之不滅？

但在心靈深處，我知道，

雙手緊握中，

你的聲音已不真的是你的聲音。

你的眼睛無常，

是的，我被如此教導，

我也如此瞭知，

但你的眼睛仍美麗如常。

正因為它們無常，

使它們更見美麗。

世間我們所願求的，

世間脆弱易碎的，

卻是最美麗——

一顆流星，

一滴露水，

一朵芙蓉。

你的眼睛無我，

因此你的眼睛更閃亮。

自我和一雙清澈的眼睛有什麼關聯？

我想仰視你的雙眼，

儘管我知道它們無常，

儘管我知道它們無我。

你的眼睛美麗，
我知道那雙眼無常。
但無常就無常，有何不對？
沒有無常，有何東西能顯現？

你的眼睛美麗，
我被教導那雙眼不是你，
那雙眼無我。
但無我就無我，有何不對？
若有我，事物如何能存在？

學習真愛，
我看見你的眼睛真的由六大構成——
此地、此水、
此火、此風、
此空、此識。
此六大就如你的雙眼一樣美妙。

愛著你的眼睛，
但我也愛藍天。
愛著你的聲音，

但我也愛明亮清脆的鳥鳴。

愛著你的微笑，

但我也愛色彩繽紛的蝴蝶輕吻著萬千花朵。

每分每秒，

我學著做個懂得真愛的人。

每一刻，

我使真愛表現。

你的眼睛美麗，

你的聲音、你的笑聲美妙，

如那藍天，

如那宛轉清脆的鳥鳴，

如那輕盈翩翩的蝴蝶，

美妙無比。

我愛一切，

願保護一切。

對，我知道，

愛是敬仰，

是保護，

是不侵犯。

敬仰與保護，

是我的真愛。

請以真名呼喚我

不要說我明天就要離開，
即使今天我依然在到達。

請凝視我的形相在每分每秒的轉化，
化作春日枝頭的嫩葉，
化作新巢內羽翼未豐、開心低鳴的雛鳥，
化作玫瑰枝上的綠色毛蟲或藏於堅石內的白玉。

我依然在到來，
為了歡笑和哭泣，
為了夢想與擔憂。
我的出入是呼吸，
我的生滅節奏是數百萬顆心臟一同跳動之聲。

我是水面上蛻變的蜉蝣，
也是春天回到江河處的百靈鳥，
等待啄食蜉蝣。

我是秋湖裡暢游的青蛙，
也是水中那悄無聲息溜爬的水蛇，

吞噬青蛙謀生存。

我是烏干達的孩子，骨瘦如柴，腿細如竿，
也是製造炸彈提供給亞非各民族的人。
我是十二歲的小女孩，
因被強暴受辱而躍入深海，
也是帶著不懂得覺照的心出生的海盜。

我是手握生殺大權的政治要員，
也是被視為背著人民血債的人，
在勞改營中慢慢死去。

我的喜悅如春日天空般清翠，溫暖著萬方花草。
我的苦痛凝滯成淚水，淹沒四大深邃汪洋。

請記得以我的真名呼喚我，
讓我能同時聽見我所有的哭泣與歡笑，
讓我覺知苦痛與喜悅為一體。

請記得以我的真名呼喚我，
讓我覺醒，
也讓我的悲憫心門從此敞開。

這首詩寫於一九七八年，幫助拯救越南船民之時。越南戰爭結束後，很多人寫信給梅村。每週，我們都會收到來自新加坡、馬來西亞、印尼、泰國和菲律賓難民營的數百封信。閱讀這些信件很痛苦，但我們必須保持聯繫。我們盡了最大的努力去幫助，但痛苦是巨大的，有時我們感到氣餒。據說，逃離越南的船民有一半死在海裡，只有一半抵達了東南亞海岸。

有許多年輕的女孩、船民被海盜強暴。儘管聯合國和許多國家試圖幫助泰國政府阻止這一類海盜，但海盜仍繼續給難民造成很大痛苦。有一天，我們收到一封信，講述了一條小船上的小女孩被泰國海盜強暴的故事。

她只有十二歲，最後投海自盡。

當你第一次聽說這樣的事情，你會對海盜很憤怒，很自然地站在女孩這邊。當你更深入觀看，就能從不同的角度看問題。站在小女孩這邊很容易，只需拿把槍，射殺海盜，但我們不能那樣做。我禪觀著，看到如果我出生在海盜村，在和他一樣的條件下長大，我現在也是海盜了——我非常有可能成為一名海盜。我不能這麼輕易地責備自己。我繼續禪觀，看到許多嬰兒在暹羅灣出生，每天有數百個。如果我們教育者、社會工作者、政治家和其他人不對這種處境做點什麼，二十五年後，他們之中的許多人將成為海盜。這是肯定的。如果你或我今天出生在那些漁村，我們可能在二十五年後成為海盜。如果你拿起槍射向海盜，就等於向我們所有人開槍，因為在某種程度上，我們所有人都對這種狀況負有責任。

經過長時間的觀照，我寫了這首詩。詩裡有三個人：十二歲的小女孩、海盜和我。我們能否看著對方，在對方身上認出自己？這首詩的題目是「請以真名呼喚我」，因為我有很多名字。當我聽到其中一個名字時，我不得不說：「是我。」

「不要說我明天就要離開」，這句是〈來去〉一詩中「明天，我已走了」的回響。此詩表達的是無我之見，一種可以真正開啟大悲心的看法，有如我在《芬芳貝葉》一書中所寫。

這首詩讓我們明瞭何謂奠基於般若的行動。分為敵友雙方而爭鬥，並非從大悲心而生的行動。我們都可以對青蛙感到憐憫，但甚少人能同情那條水蛇。青蛙被水蛇吞食，但青蛙若不吞吃其他小生物，也無法存活。如《八大人覺經》所說，以「不憎恨作惡者」之心來行動，才是菩薩行者的行為。作惡者亦需要被救度，他們也在菩薩的度化範疇。

每個名字，只呈現了生活的一個小碎片。只有覺醒，方能敲開大慈悲的心門。

尋找彼此

我一直在尋找世尊，
自孩提以來。
我聽到世尊的召喚，
自剛開始懂得呼吸。
我曾漂泊，
走過千萬險峻的世道。
在長途跋涉的遊方路上，
曾因千絲萬縷的思念，
而輾轉愁思難解。

我一直在尋找世尊，
在廣袤荒涼的至遠處，
在浩瀚茫茫的陌生海域，
在迷霧纏繞的崎嶇高峰。
我曾死去，
孤零零地躺在古老沙漠。
我曾在內心深處，
藏著堅石的眼淚。

我曾渴望暢飲，

那遙遠閃耀星球的甘露。

我曾留下腳印，

在夢幻的蓬萊山。

我曾急切吶喊，

在阿鼻地獄深處筋疲力盡。

因為我飢冷，

因為我渴求，

我渴望找到，

千萬世以來絕美的身影。

我瞭知在我心中，

有一個奇妙深刻淵奧的信念──

世尊存在於此。

即使我未認出真正的你，

仍有一種靈感。

自遙遠千萬世，

我知道世尊與我無始以來就是一體，

彼此間的距離只有一閃之念。

昨日我獨自走著，

看到故巷撒滿秋葉，

高懸門上的明月，

猶如故人身影突然出現。

星辰歡喜傳訊，

世尊已在此處。

昨日徹夜天降甘露，

閃電劃過窗口，

狂風暴雨襲來，

天地彷彿在怒吼。

但在我心裡，

雨終於停了，

雲亦消散。

望著窗外，

深夜月亮已顯現。

天地真正平靜，

照著月之鏡。

我忽然看見自己，

也看見世尊。

世尊在微笑。

奇哉！

自在之月回到我身邊。

我以為已失去的一切，

從剎那起，

在綿密的每一刻，

我看到無物丟失，

無物需要修復。

每朵花，

每塊石頭，

每片葉子，

都看著我，

認出我的面目。

無論往何處張望，

我都能看見世尊的微笑，

從月鏡認出無生無滅的微笑。

我已看見世尊。

世尊安坐於此，

安穩如須彌山，

平和如呼吸。

世尊安坐於此，

彷彿未曾缺席。

世間的熊熊烈焰，

彷彿未曾發生過。

世尊安坐在此，

寧靜與自在。

我已找到世尊，

我已找到自己，

我忍不住落淚，

我安坐在那兒。

蒼藍沉靜的天空，

白雪皚皚的群山，

映襯著地平線，

閃耀的紅日，

喜悅地歌唱著。

世尊是最初的愛，

世尊是純清的愛，

始終存在，

永不需所謂「最終的愛」。

您是心靈之河，

已流過無量世輪迴，

但仍永遠地在流淌。

我一直在尋找世尊，

自孩提以來。

我聽到世尊的召喚，

自剛開始懂得呼吸。

世尊是平安，

世尊是安穩，

世尊是自在，

您是如來佛。

我願一心滋養，

自在安穩的品質，

向一切生命傳送安穩和自在，

今日和明天。

安靜心行

通往月球的路上，
我回頭，
看到你驚訝無比
——你那麼美，
恍如水泡，
飄浮於浩瀚的空間汪洋。
你是大地，
是綠色星球的微妙顯現，
卻太容易破碎。

在你之內，我看到自己，
正有意識地邁步於泥路。
兩旁是綠草，
雙腳對大地許諾，
雙眼擁抱黎明。

安住於此刻，
秋葉落下，鋪滿整條禪行的路。
松鼠時而從樹後探出頭來，
看著我，

眼光帶著一絲驚喜，
然後飛快地爬回樹上，
隱身於一簇綠葉中。

我看到清澈的水流，
正從白石峽間流過。
泉水在歡笑，
松樹在搖曳，
一同歌頌清晨的平靜。

我也看到苦痛，
存在於被困於勢力交戰的人們中
——我們令彼此痛苦，
在大地上潑灑滄桑、歧視、仇恨、貪婪，
多麼的殘酷。
同一窩的雞抹黑彼此的臉，
在刀兵劫難慘痛的哀嚎聲中。

故鄉大地是我們自己。
兄弟姊妹們，
故鄉美麗無比。
我想把整個綠色行星擁入懷中，
將其融入我小小的胸膛。

我們一起配合呼吸的節奏，

安靜心行。

人類要同心協力，

接受彼此，關愛彼此，

一起守護地球。

因為我們知道，

愛是愛一切，

不是只愛一小片，

我們一起為這綠色星球負上責任。

兄弟姊妹們，

今早，請互相傳遞我們這個想法，

讓大愛見雛形。

終止輪迴

誰在輪迴？
要終止的，是誰的輪迴？
苦惱在輪迴，
要終止的，是苦惱的輪迴。

誰將苦惱擱在肩上？
苦惱無須人將其擱上肩，
是它自己在徘徊，
是它自己在輪迴。

終止輪迴，那什麼會發生？
終止輪迴，輪迴又再發生。
那為何要終止？

當苦惱止息，
幸福開始顯現。
幸福亦在輪迴之輪中。
幸福需要輪迴，永遠地輪迴，
因為我們總是需要幸福，
於生命的每分每秒。

如果正在輪迴的是幸福，
為何你想終止輪迴？
為何你希望笑容消失？
為何放逐春天的微風？

終止輪迴，
不過是轉化痛苦，
而痛苦是製造幸福的材料。

請不要過度擔憂，
即使痛苦，也是世界所需。

賞月

如果無我，

就無輪迴。

那為何消除自我？

為何終止輪迴？

無我，

卻相信有我。

無輪迴，

卻有輪迴的概念。

今夜的圓月有一個我嗎？

不，無我。

賞月的人是一個我嗎？

不，無我。

那望月之人如何享受賞月？

正因月無我，

賞月人無我，

月人皆美妙，

賞月也美妙，

賞月即修行。

相即相入

太陽進入我，

與雲朵河流一道。

我亦進入河流，

融入太陽，

連同雲河。

我們無時無刻不相入。

然而，在太陽滲入我之前，

它已在我之內，

雲河亦如此。

在我融入河流之前，

我已在其之中。

我們無時無刻不相即。

因此，請知道，

只要你仍在呼吸，

我就在你之內。

無蛙性

修證的初果，
是無蛙性。

當青蛙被置於盤中，
幾秒內就會跳出來。
將牠放回盤裡，
又再度跳出來。

我們總有計畫，
總想成為什麼，
總想向前跳躍。

青蛙難以在盤中靜待。
而鼓舞人的是，
我們都有佛性。
但我們也有蛙性。
因此，修證的初果是達臻無蛙性。

繞圈圈

你在繞圈圈。
請停下，
你緣何這樣走？

「我無法不走，
我不知去往何方，
所以我繞圈。」

繞圈的人兒，
請停下。

「如果我停止繞圈，
我也就停止自己了。」

繞圈的人兒，
你並非繞圈這回事。
你可以行走，
但無須繞圈。

「我可以去向何處？」

去找到自己，

去尋得所愛。

意識如太陽照耀

清晨醒來，望向藍天。

雙手合十，感恩生命微妙，

賦予全新二十四小時，

賜予浩瀚天空。

旭日初升，

樹林是吾之意識沐浴於陽光。

走過向日葵花田，

數萬朵花兒回望明亮東方。

我的意識如太陽照耀，

雙手為明年播種，

雙耳聆聽海潮聲。

天空絢爛，四方風起雲湧。

親愛的家鄉，荷池散發芬芳，

一排排椰樹屹立於河岸。

田地張開雙臂，隨著稻穗歡笑，

亦隨晴雨天歡笑。

大地給我羅勒和茼蒿、

紫蘇、薄荷、芫荽。

將來，故鄉山丘再次翠綠。

將來，生命嫩芽茁壯成長。

甜美歌謠，世間歡唱。

甜美歌謠，新綠引領腳步。

一九七〇年，我在東京寫下這首
歌，原本打算收錄在第一版的《正
念的奇蹟》，標題為〈我的意識，
陽光〉。此歌曲收錄在真空法師的
越南歌謠錄音帶。

禪中心

禪只有一個中心，
但有很多個禪的邊角，
遍布每一處。

請不要擔心，
每個角都是一個中心，
每個中心也是一個角。

每天早午，我們都在誦：
「色即是空，空即是色。」

守約的布穀鳥

布穀鳥守約，
山丘暖和起來，
電話在群山中響起。
春雨輕輕潤濕心地的種子，
從前的豆子種子咧嘴而笑。

有人來探望，
一袋子的月光。
紫蘇葉呼喚落葵種子，
綠色茂密，紫紅稀疏。
鐘聲呼喚我們的腳步，
雙腳親吻大地，
眼睛擁抱天空。
遠古一刻，
季節湧現。
雪亦翠綠，
陽光落下。

每次當我在春天離開梅村到外地教學，我會提醒我的朋友春天來了，布穀鳥的叫聲是我的電話鈴聲。就如我們在梅村會修習電話禪，在電話鈴聲響起時回到正念呼吸，當朋友們聽到布穀鳥的鳴叫聲，他們會停下來深深地呼吸。

來探望你的朋友，如果在旅行袋中沒有帶著一點月光，他是太忙了。當你看到那位朋友，你問他：「你的袋子裡有足夠的月光嗎？」那會是一口正念之鐘。

當你看著春天豐盛的綠色植物，你知道冬天所下的雪，是你現在看到的景色的一部分。你看到雪披上綠色的外衣。陽光蒸發海洋的水，變成天上的雲。因此，我們可以在落下的雨或雪中看到陽光。下雪的同時，你也可以看到陽光灑落。

開拓寬廣大道

髮色如珍貴木，
現奉獻作沉香。
美麗趨向永久，
深感無常微妙。

了悟人生如夢，
真心決意上路。
聽海潮聲幾回，
發足步入究竟。

靈山風聲呼喚，
心中再無眷戀。
歌聲讚頌妙理，
真常之道寬廣。

昔用皂莢水洗，
午後散開秀髮。
今早甘露淨水，
菩提心露堅強。

雙手奉獻慈愛，
分享清淨喜樂。
幾十年來精勤，
慈愛始終如一。

今早剃清頭髮，
開拓寬廣大道。
無邊煩惱願斷，
一心觸動十方。

這首詩寫於真空法師在靈鷲山剃度
的那一天。

觸地

這是樹下，
這是空寂處，
這是小蒲團，
這是綠油油的清涼草地，
請坐下。

端身正坐，
安穩地坐，
不讓思緒把你帶到空中。
接觸大地，
與大地合一，真正回歸大地。
請微笑，
大地將傳給你安穩、平靜、自在。
正念呼吸，微笑安然，
持續接觸大地。

有時你不成功，
坐在地上有如坐於虛空，
因為你慣於在輪迴中漂流，
在妄海中浮沉。

但大地依然堅忍，

依然期待。

大地自億萬世便呵護你。

不管多久，

大地將永遠堅持。

知道你會回來，

大地將迎接你，

何時都清新如初見。

愛，永不說這是最後一次。

大地是慈愛的母親，

永遠堅忍地等候你的歸來。

回歸吧，兄弟。

你將看到，

你有如那棵樹。

一旦懂得接觸大地，

你靈魂的花葉將鮮嫩如初。

寂靜的路迎接你，

草花芬芳，

稻香濃郁，

依稀留下童年時母親溫柔之手的痕跡。

請從容踏步，

輕盈雍容的腳步。

你的雙腳烙在大地上，
不讓思緒使你飛到空中。
請時時回歸那道路，
道路是朋友，
道路將傳遞平安穩健。

精勤正念呼吸，
持續接觸大地。
每一步，如親吻大地，
每一步，如撫慰地球。
如國王的朱紅色印鑑，
下令你回來安住於此時此地；
讓生命存在於當下，
讓生命力充盈。
美妙顯現，
臉色紅潤，
煩惱轉化，
身心安樂。

有時，你不成功，
走在寂靜路上，
卻如飛到虛空，
因為你慣於在輪迴中漂流，

在妄海中浮沉。
但道路依然堅忍，
依然期望，
親厚忠堅。
道路知道你早晚將回來，
歸途將迎接你的腳步。
任何時候，道路都清新如初遇，
愛，永不說這是最後一次。

道路本是故友，
何時都堅忍等待。
即便紅塵土上黃葉覆蓋，
即便雨下泥濘，冬日覆雪，
也請歸來。
然後你將看到，
你有如那棵樹，
一旦懂得接觸大地，
你靈魂的花葉將鮮嫩如初。

理解之橋，愛之橋

靜靜地聆聽故鄉的呼喚，
山河看起來美麗非凡。
回到故鄉尋找那舊的根源，
過了理解之橋，便到了愛之橋。

好消息

他們不發布好消息，
好消息由我們發布。
我們每天清晨都有專刊，
請你閱讀，
閱讀以知道真正發生的是什麼。

好消息是：
你活著，
菩提樹仍在那兒，
堅實地立在寒冬中，
你看到了嗎？

好消息是：
你的雙眼仍然明亮而良好，
你有時間欣賞藍天，
清新美麗的孩子在你面前，
可以展臂擁抱。

他們只刊印出錯的事，
他們只刊印消極的事。

看看我們每期的專刊，
我們總奉上美善積極的好消息。
願你時常從中受益，
並幫忙保護眾人的幸福。

蒲公英在路邊盛開，
花兒在奇妙地微笑，
唱著究竟之歌。
你有耳朵和心可以聆聽，
請合十低首聆聽花兒的歌，
放下悲傷與成見，
如自由人般前行。

最新的好消息是：
你心中有佛性。
幸福，
安穩，
自在，
你我都可以做到。

一九九二年三月，寫於梅村。

你是我的園子

在我的園子裡，

有一棵樹正在死去，我看得到。

但你知道嗎？

所有其他的樹木仍茁壯翠綠。

也因此，

對於整個園子，

我感到歡欣和感恩。

一棵樹正在死去，

但我的園子沒有死。

我需要你如此提醒我。

我受教導，

要保存祖父留下的園子。

有一個園子，

有奇花異草。

有一個園子，

任何時候都有美麗的樹木。

但有時候，

有些樹木並不那麼翠綠，

亦因如此，

我們需要照顧園子。

你是我的園子，
我常覺得我是照顧園子的人。
但才昨天早上，
我的雙眼剛看到，
一個遠古的園子，非常久遠，
沒有人照顧。
雖然如此，
春天回來時，
不知為何，
桃李仍長出花蕾。

「古園子無人照料，
李白桃紅自開花。」

一如

我許諾死去時，
會盡快回到你身邊，
你無須等待太久。

此刻我和你在一起，
不是嗎？
我也在每一刻死去，
我已多次越過生死。
請看一看，
看到我的存在。

如果你想哭泣，
請哭泣，
並知悉，
我會和你一起哭。
你流下的淚水，
會療癒我們彼此，
你的淚亦是我之淚。

我們在大地上行走，

這土地穿越了歷史。

春冬同時存在，

新芽亦即枯葉。

我的雙足踏在無生之上，

我的腳亦是你之腳。

現在，請和我同行，

在究竟的向度，

看到櫻桃樹在冬日開花，

為何談論別離？

你看到嗎？

我無須死去，

每一刻我都能回歸和你一起。

色彩繽紛的小孩

我醒來了，
傳奇的故事仍在繼續，
我的驚訝沒有減少。
我看到自己站在博物館，
那裡收藏了一個小孩的記憶。

荒野的月亮穿透竹子造的窗花，
那青年又再入眠，
繼續做夢，
夢見秋日寧靜的湖水碧綠。

為何你又想寫一首詩，
給正在歌唱的幼鳥，
給躺在清澈小溪的靜止卵石，
或是給自在悠游的魚兒？

這個碧綠的地球上，
多麼微妙壯麗的清晨！
天上繁星開始黯淡。
小孩子，

萬千的小孩子，色彩繽紛，

在山上望著我，

全神貫注。

我還在睡，

何必張開眼睛？

應該靜靜地躺著，直到驚訝時刻來臨。

為何你還想寫一首詩，

給依偎在竹林邊的小草屋，

給籬笆外盛開的向日葵，

給園子前蜷縮著的狗兒，

給適意躺在稻梗堆上的貓兒？

清晨並非像新的書頁，

清晨是所有顏色和聲音再生的樂章。

天上的繁星開始黯淡，

每個清晨的來臨都是一次開天闢地。

相即的關係

你是我，我即你，
相即相入不是瞭然的嗎？
你滋養自己內在的花朵，
我也因此而美麗。
我轉化自己內在的淤堵，
你因此不再受苦。
我支持你，你幫助我。
我在這世間為你奉上安詳，
而你為我帶來喜悅。

一九八九年寫於在科羅拉多州舉辦
的心理治療師禪修營期間，以回應
弗里茨‧珀爾斯（Fritz Perls）的聲
明：「你是你，我是我。如果我們
能夠邂逅，當然好；如果不行，那
也沒辦法。」

II

沙上的足印

那邊天亮了沒？

贈慧蓮

院前的河流滾滾流動，
白雲輕浮幼時的記憶。
後院鮮黃的油菜花，
蝴蝶迷了家鄉的路。

你交給我你的夢，
太陽是我們共同的太陽。
我頭髮的柚子香氣不陌生。
細小的雙手，
早晚捕捉畫筆上的靈魂，
煙波交染的色澤。
憐愛你停下畫筆教導小孩子的時刻，
肩上挑起了整個江山沉重的文化擔子。
東西方的雞鳴聲忐忑寸心。
斜靠在枕頭，默默地問：那邊天亮了沒？

整個冬天，紅火呵護著愛。
吟詩之聲穿過雪天響起，
醃菜米飯滋養了未來。

春天花開為山頭染上鮮豔顏色。

眼睛碧藍，因為碧藍天。

鳳凰花盛開了，

半邊天的愛剛剛敞開。

慧蓮即海倫·庫騰（Helen Coutant）女士，畫家武廷（Võ Đình）的夫人。武廷為夫人取名「慧蓮」。她賢慧，勇於擔當，越南菜做得非常出色。有一次，武廷驚訝夫人是外國人，卻為《越鐘雜誌》撰寫越南食譜。她常鼓勵武廷從事創作和編輯，並親自將此詩譯成英文。

詩的火把仍在史頁上燃燒

今夜他雖已回歸原初的星球，
詩的靈魂仍在世間輪迴。
筆觸千古不散，
詩火仍在史頁上燃燒。

是有是無，
茫茫大海中，
歸途閃耀於寬闊天際。
醒醉仍一琴曲，
英豪之火在燃燒。

愁緒煙消雲散，
詩興如雪白鴿子衝向天際。
潮音震動，
何方未聽到？
夢見蝴蝶來去，
東海波浪拍岸，
鯨魚依然在。

這首詩是在武黃章死後為他而寫。
一九六三年至七六年間,他透過勇
敢有力的詩歌,為越南佛教徒領導
的反戰與宗教歧視的非暴力鬥爭,
做出了巨大貢獻。

白雲從容

回想昔日，

你仍是朵白雲，從容飄浮。

我邊舞邊唱，

隨著水的源頭回歸浩瀚海洋。

你留戀著高峰處，

聆聽松樹林中樹木的歡笑。

我在萬丈銀白浪花上進出起伏。

看到塵世苦難淚流如江河，

你化成雨點溢滿冬夜。

烏雲朦朧掩蓋一方，

太陽奄奄一息。

你喚我回來，

與你一同掀起一陣狂風。

自在的心在哪？

當花草山林仍在哀號怨恨不公。

你舉起天使般的雙手，

決心解開鐐銬。

當黑暗覆蓋，槍林彈雨暴力肆虐，

骨堆如高山，血流成河，
你的雙手碎裂了。
可憐的你，鐐銬仍未解開。

我喚雷電到你身邊與暴力決雌雄，
而你更是勇敢，黑夜裡化作獅子吼。
數萬魔鬼聽到，在夜霜中瑟瑟發抖，

你氣宇軒昂，不退一步。
儘管前方槍矛陷阱重重，
你坦然直視暴力如靜望虛無。
生死是什麼，怎能互相逼迫？
你喚我的名字，沒有一聲哀嚎，
即使鐐銬仍緊鎖。

現在你自由了，鐐銬再也綁不了你的真身。
你變回往昔的白雲，在無際的天空飛翔，
來去自在，到了你喜歡的山峰便停下來。
而我，騎在銀白浪花上，
為你唱著悲壯的搖籃曲。

這首詩是寫給釋善明的,他是我所認識最傑出的僧侶之一。他從一九四九年到七四年間一直為越南佛教服務。在阮文紹掌權期間,曾多次有人企圖殺害他。最後他被當局判刑十年的苦役。一九七五年共產黨接管政權後,一九七八年十月十八日,他被關押在勞教所。釋善明在獄中被折磨致死。他死後三天,我在法國收到一封電報,我們整晚都在準備關於他的文件,以便第二天在巴黎向媒體發布。之後,我創作了這首詩。

錨

枝葉在竊竊私語，
然後靜默。
船著陸星月之岸，
呼吸是錨，
我守護宇宙。

新豆

我是大地的我，
大地是我的大地。
我將自己托付給大地，
大地將自己托付於我。
今早的豆子，
發芽長成一排排。
豆上的兩片嫩葉合十，
向陽光問好。

芭比塔

她的雙眼睜得大大的。
尚未有足夠時間感到驚訝，
她在我懷中，全身發抖，
哭聲猶如呻吟。
芭比塔不敢嚎啕大哭，
她被突然送至這陌生環境，
這神聖避難所。
我的雙臂也在顫抖，
我撫摸著她的頭髮，
低吟著她還不懂得的話。
慢慢地，芭比塔安靜下來，
靜靜地躺在我懷裡。

我願將所有兩歲半的孤兒抱入懷中。
他們將她留在此地，
是因為要參加革命。
芭比塔可以等待。
沒有母乳的日子，
她在陽光下的院中滾爬，
鼻水混在泥土中，

在一攤糞便上玩耍。

芭比塔尚幼，

可以等待，

等待革命的成功。

這首詩寫於一九七五年，拜訪印度鄉村
前不可接觸者佛教團體之時。芭比塔
（Babita）是個兩歲半的孤兒，住在那
格浦爾附近的「不可接觸者（賤民）」
村。在那次旅程中，我抱過上百個像芭
比塔的小孩。

搭一座橋

贈傑克·賈索

鳳鳥在梧桐樹上停息，

有人站在那兒，

讓慈愛加深。

律例有時如鐵絲網，

將人囚禁於沉淪傷痛的一生。

仁愛之心卻如佛手，

摧毀地獄，打碎憂傷。

城市今早升起無邊陽光，

鴿子在高空飛翔。

我想起心腸耿直的他，

笑容清涼如美妙的水。

孩子想念他，

如花朵想念太陽，

如水思源，

如月亮思繁星。

心意已決，

還管它什麼暴力。

身騎波濤入人間，

搭一座橋，

自地獄深淵上到天界，

開千星會。

傑克・賈索（Jacques Gasseau）是一
位大使，他以一顆慈愛心實現了無
數奇蹟，幫助了無數船民移居法
國。此詩寫於一九七七年二月的暹
羅灣上。

哪天能拆除我的心

　　我棕色皮膚的兄弟，活在饑餓中，這就是地獄。我為何如此愚笨地讓你占去那塊牛排？

　　我黃皮膚的兄弟，活在窮困中。孩子早上沒有足夠的地瓜裹腹，餓昏在學校的桌椅上。我在鬥爭讓房東別增加租金，你卻已添置了新機器。我為此而失業了。

　　我黑皮膚的兄弟，缺乏糧食卻不停地生孩子。兄弟啊，生那麼多怎會有足夠的糧食養活他們。但你也不知要怎麼做。你的妻子沒有奶水、沒有食物，把孩子遺棄在路邊，希望有人帶回去撫養。每年發展中國家有一千二百萬孩子餓死。我晝夜為了增加 SMIC 最低工資，為了對抗日益飆升的生活費而鬥爭，哪裡還有時間為困苦的兄弟擔憂。

　　我白皮膚的兄弟，輪三班制，飲食睡眠不規律，從工廠回家打罵妻兒，發洩怒氣。這就是地獄。我們忙於鬥爭，哪有時間為他方的兄弟擔憂？

　　你說為了國家利益，不可能停下經濟發展速度。你想僱用我到工廠製造彈藥，供給發展中的亞非國家。我失業了，餓壞了，只剩下一雙手讓你綑綁。我在那邊的兄弟缺米缺飯，哪裡需要彈藥互相殘殺？

　　因為我愚笨，你占有了那塊牛排。因為我愚笨，你占有了彩色電視、福特野馬汽車、海邊的度假屋。你說如果我想擁有房屋、電視、汽車並不難，只需簽下合約終身為你工作。我已被許多東西綑綁著，不敢跟你走入迷途。你說我頑固，像螺背著硬殼已經很困難，還一直想要撐起泰山。

　　五穀可以用來救助饑餓中的兄弟，你卻用來製造牛肉。牛肉堆起來如高山；山遮蔽了太陽，看不到所愛的人。五穀可以送去烏干達救回奄奄一息的孩童，卻被用來釀酒。酒澆在牛排上；鮮血澆在同胞的身軀。哪天我能拆除我的心，我將能手握勝利。

這是在我遇到一些人之後寫的,他們真誠地想為世界上的兄弟姊妹做點什麼,卻忙於日常事務,如吃牛排或喝葡萄酒。他們甚至無法為身邊的兄弟姊妹做什麼,更不用說第三世界的兄弟姊妹了。

我不知道這首詩中的情感能否用六八體或其他詩體來表達。那塊牛排,在西方社會象徵順遂的生活。貧困的人每週只能吃一次肉。

法蘭西學院教授兼巴黎數學和應用經濟學院院長弗朗索瓦‧佩魯(François Perroux) 曾說,只要西方國家減少吃肉和喝酒,就足以改變發展中國家的命運。

美國和歐洲大量生產大麥,但亞非洲的人民仍處在饑饉之中,因為大部分五穀是用來養牛和釀酒的。我在丹麥和荷蘭曾遇到一些年輕人,因為這個理由拒絕吃肉、喝酒。我認為這些年輕人是有所覺悟、富有慈悲心的人。我曾說:「只有覺悟才能救助人類……」我如此相信,但挑戰巨大。貧困的人、失業的人仍未找到讓自己解脫的道路,哪有時間為亞非洲的兄弟擔憂。他們仍被等待他們的陷阱所綑綁:用信用卡借貸購物而終身成為其奴隸;接受一整套經濟引擎,支援在發展中國家發生的戰爭。如果沒有覺悟,沒有感受和憐憫同胞的心,早晚也將落入那些陷阱中。

我覺得需要解釋一下以上這首詩中的 SMIC 和輪三班制。SMIC 是法國工人的最低工資(salaire minimum interprofessionnel de croissance)。三班制是一些工人在工廠裡的工作時間。那些工廠老闆不想讓機器有時間停下來,於是工人這個禮拜從早上五點工作到下午一點,下個禮拜從下午一點工作到晚上九點,再下一個禮拜從晚上九點工作到早上五點。三次八小時的輪班後,又再回到第一個禮拜的工作時間。輪三班制的人飲食和睡眠失調,因此非常易怒,容易與朋友爭執或打罵妻兒。但他們無法不接受那樣的工作時間,否則會失業。

意識的果實成熟了

我的青春，
青綠的梅子。
你的牙印在梅子上造成小小的傷害。
那些還在顫動的牙印，
我永遠記得，
永遠記得。

自從愛你開始，
我的門戶在風中大開。
現實叫囂革命，
意識的果實成熟了。
門板無法再關上。

火蔓延燃燒這個世紀，
荒山密林殘缺斑駁。
風不停在耳邊呼嘯，
暴風雪在天邊折騰翻滾。

冬天的傷痕躺臥著。
想起冰冷的鐵刀，

惴惴不安，翻來覆去，

徹夜，隱隱作痛。

這首詩寫於大約一九六六年五月，
戰爭趨於激烈時。我前往美國呼籲
和平前，寫下此詩留給清文法師；
那時清文法師是青年社會服務學院
的督導。

方外天

人走在大地上，
雙眼凝望天空。
鳥兒在層層白雲中飛翔，
一邊送上甜蜜陽光，
一邊守護雲路。

四月的綠葉過濾陽光，
走過樹林卻渾然不覺。
合成蓮苞的雙手微微打開。
今晨，宇宙如癡如醉。

深夜的茶，熱氣裊裊上升。
詩沒有字詞，載著茶高升到雲頂。
邊疆的高山雨停了，
山路風蕭蕭，呼喚樹木。
空曠的雪山頂從夢中醒來，
撒下萬千覺悟之花。
遠方的土地滲透著母愛微妙的芬芳，
期望來得及在塵世開放。

疼惜亂世迷茫的孩子，
蝴蝶寄送金蓮遍西方。
音樂會上鑼鼓聲響亮，
花紙貼滿了上村下村。
千百處陌生線路接通，
恩義永遠在天邊建造。

囚室中三百人絕食，
磨損的雙腳不問晝夜，到處遊說。
四月鄉間百花齊開，
我願抱滿雙臂。
方外天鮮豔的春色，
慈愛的詩歌使四月寬廣。
夢中枕著遠方的雲，
回歸故路，
逆著陌生的河流來找誰？

慈悲觀

瓶中淨水

自菩薩手上

灑在沙漠

成碧海

浩瀚

重新翻開昔日篇章

忽然，我迎自己回來，
昔日據點再無蹤跡。
昨日的夢玲瓏，萬千幻象。
遮風擋雨的牆壁，
形成溫暖角落。
燭光閃閃，
對元旦的沉香微笑。
雨天的一頓飯，
紫蘇的香氣，凝聚了家鄉的色香味。
邊界突然拆除了，
因午時暴風來襲，
閃電閃現存在的一切。
今日的太陽，依舊是昨天之太陽嗎？

日落映照鳥兒歸來的影子，
時間將兩端連接，
輕推我往嶄新的道路。
伸展於天空的幔幕，
捕捉虛空，忽而垂成柳絲。
午後一簇簇雲朵遙相呼應，

回歸山頂。

我回來了，
再次打開昔日篇章。
火燒毀了所有證書。
塵世的魔法咒語，古今依然無效。
強風在吹。
遙遠的大海，
鳥兒雙翼匆忙。
我在何處？
匯聚點是想念。

家，
童年故鄉綠油油的青蔥山坡，
紫蘇葉香，
秋稻初熟的香味。
小小的雙腳，
嫩葉上的露水，
寄來的信，
報時的夜鼓聲，
芥子中滿天金黃色的花。
我雙手合十，
讓花兒綻放於美妙的筆尖。

我將請求一切

如果問：「你想要多少？」
我將請求：「一切。」
我比從前貪婪，極度貪婪。

你我，天下之人，
今早，回歸唯一微妙整體。
那些零碎片段和痛苦，
與整體分離！
自許久，千萬世以來，
我們在自己虛假的安樂囚牢中摸索。

今早，你歸來跪於佛前，
雙目含淚，靈魂尋找停靠處。
（從前，我的影子漂泊千年。愁苦的日子，渴望靠岸。）
你靜靜地久跪於佛殿，
讓眼淚流淌，肆意湧出。

請跪得再久一點，
時間足以讓眼淚乾透。
因為，我將於某天清晨來到，

點燃你在山丘旁的小草屋。

你人生僅存的草屋。

大火熊熊燃燒，使一切破碎。

你最後的依靠處消散，

猶如大洋中的船舶。

你堅硬的靈魂之殼，

將在美妙的渾沌中裂開，

燦爛光亮。

我將看到你，

在燃燒草屋的紅火旁，

充滿歡喜的淚。

我看著你，

握著你的手，問道：「你想要多少？」

你當然會微笑請求：「一切。」

這是一首寫於一九五四年的舊詩。

　　我們生來都帶著一個錯誤感知，即「我執」。我們以為自己與整體分離，視自己為分別獨立的個體，認為有一個長久不變的「我」。這個錯誤感知是所有貪婪、自私和痛苦的由來。我們為此和彼、和他畫上界線。我們有所貪求，是這個小我在貪求。我們有喜有悲，又愛又恨，也都因為這個小我。我們痛苦，也因為這個小我。如果能了悟和體驗到小我只是假象，我們將融入大我，即唯一的整體。

　　如果問：「你想要多少？」我將請求：「一切。」這只是一種表達方式。如果不想要「一切」，那即是在說，你只想要部分；只想要部分，即仍執着於「我」和「屬於我的」，在生命中設立虛幻的界線。「我將請求一切」，是指已看到自己與眾生密切聯繫，一切都存在於微妙的整體中。

詩中所說的「貪婪」，並非真的指貪婪。因為在唯一的整體中，無有「我」和「屬於我的」。「極度貪婪」，指的是貪婪的終止。一切都在大我之中，何所貪？小我已與大我合一，否則依舊是零碎的片段和痛苦。

也許你會有疑問，何為「虛假的安樂囚牢」？你要記得，我們每個人都想有一個依靠處，精神的和物質的。就精神而言，我們想要長久的愛，抑或是名望和權勢；物質層面，我們或許想要錢財和美色。但這些東西都不可靠，都是無常的。無數次，我們想依靠這些東西，但當有一天這些東西變遷消散，或者遭到背叛，我們最終得到的是痛苦。以這些東西為依歸，是因為妄執有我。

當我們感到痛苦時，轉而渴望從信仰中尋得安樂和庇護。「你歸來跪於佛前」，這個影像猶如在筏上希望找到彼岸，那亦是作者昔日「漂泊千年，渴望靠岸」的影像。我們得讓人跪在佛前哭泣。眼淚將洗去內心的痛苦。信仰，雖然並非解脫的最終要素，但也是減輕痛苦的靈丹妙藥。多少人從信仰中得到心靈慰藉。儘管如此，信仰仍只是一個方便。在神傳宗教中，信仰扮演著解放人類的角色。而在佛教中，信仰只是信仰。我們需要信仰，特別是心力薄弱的人。信仰減輕痛苦，治療人們心中的傷口，讓人們強壯起來。然而，人們仍在生死中漂流。有如此了悟，我們將尋找到解脫之道。這解脫之道，並非只是信仰帶來的心靈安樂。

如果信仰是一個方便，那永遠只是一個方便。經歷了多少痛苦，最終想依靠信仰這間「小草屋」。難道我們讓眾人一直長久躲在這間狹小且貧瘠的小草屋裡？所需要的，只是一些變故：「我將歸來，點燃你在山丘旁的小草屋。」

如果你讀過禪學書籍，你會知道歷代祖師「傳心印」是何等微妙。有什麼比看到自己的小船在大洋中消失更令人害怕？有什麼比失去自己的依靠處更令人痛苦？這些混亂導致了危機狀態。然而，這裡的混亂，並非是失敗帶來的混亂，而是成長、成熟、蛻變帶來的混亂。因此，其中的一片渾沌，何等美妙。正是在這種危機中，小我堅硬的殼裂開了，這是一種突如其來的明顯改變。之後，我們看到的，將是燦爛的亮光。

現在，這是美麗、雄偉、動人的景象，成功的景象：「我將看到你，在燃燒草屋的紅火旁，充滿歡喜的淚。」在燃燒草屋的紅火旁的你，變得更加美麗。我們長久以來的痛苦，如山丘旁的小草屋，亦如靈魂堅硬的殼，都消散了。這時流下的眼淚，不再是愁苦的眼淚。這時的你，已回歸唯一的整體，這是多麼雄偉、動人，非語言所能描述。然後我問你：「你想要多少？」你微笑請求：「一切。」這是理所當然的，因為你已回歸大我，怎會再有分離和虛幻的界線這些想法？

同樣地，遭受巨大痛苦的人可能需要靜靜獨處一段時間。如此療癒一段時間很好，但也有人想躲藏更久，就像那些將自己隱匿於靜坐中的禪修者。他們需要有人來燒毀他們的藏身之處。

文藝復興

今早，日出時分，樹上長出了新芽。它在午夜時分誕生。樹皮，在樹液的不斷流動下裂開，為另一個生命騰出空間。然而，這棵樹沒有傾聽，沒有感受到那些流動，那些痛苦。它所做的只是專注地聆聽環繞它的花草低語。夜晚的芬芳純潔而奇妙。這棵樹不知道時間的流逝，也不知出生和死亡。它就在那裡，與天空、大地一同存在。

今早，黎明時分，我明白這新的一天與其他任何一天都不相似，這個早晨是獨一無二的。我們常常認為，我們將某些早晨儲存起來，留待以後使用，但這是不可能的。每個早晨都是特別的。我的朋友，你如何看待這個早晨？它是第一次出現在我們的生命中嗎？它是過往早晨的重複嗎？我的朋友，如果我們並非真的存在於當下，早晨只是重複著。如果我們真正為生命而存在，那麼每個早晨都是新的時間和空間。太陽在不同時刻照耀著不同的遠景。你的全然覺知猶如沐浴在數百條河流中的月亮：河流在流淌，水在歌唱，月亮常遊於藍天的巨大穹頂下。看著那藍色，微笑，讓你的意識像清晨撫摸枝葉的透明、純淨的陽光一樣湧現。

一個早晨不是你用文字覆蓋的一頁，可以翻開。一本書是一條路，人們可以來去自如。清晨不是一條路，甚至不是鳥兒飛走後不留痕跡的路。清晨是一首交響樂；它存在與否，取決於你的存在。

樹上的新芽甚至不及一歲。它是正念和觀照的嫩芽，在每個時刻，在永恆的流動中，向生命綻放。如果你看到新芽，你將能超越時間的限制，因為真正的生命，超越年月。

你的眼睛是無垠的天空、高山、深海。你的生命不分國界。所有美味的水果和壯麗的花朵都屬於你。接受它們吧……

觸地印

死亡來了，帶著他那厲害的鐮刀，

並說：

你應該害怕我。

我抬頭問道：

為什麼我應該害怕你？

因為我會讓你死去，

我將使你不存在。

你怎麼能讓我不存在？

死亡沒有回答。

他揮舞著他厲害的鐮刀。

我說：

我來了，我離去了。

然後我再來，然後我再離去。

我總是回來。

你既不能讓我存在也不能讓我不存在，

死亡問道：

你怎麼知道你會再來？

我說：

我知道，因為我已經來去無數次了。

我怎麼知道你說的是真話？
誰能成為證人？
死亡皺起眉頭。

我觸摸著地球，說：
地球是見證人，她是我的母親。

突然間，死亡聽到了音樂。
突然間，死亡聽到了來自四面八方的鳥兒歌唱。
突然間，死亡看到樹木開花。
大地向死亡表明自己，
並向他慈愛地微笑。
死亡融化在大地的愛的目光中。

親愛的，
每當你害怕的時候就觸摸大地。
深深地觸摸她，你的悲哀就會融化。
深深地觸摸她，你就會觸摸到不滅。

赤子之心

圓月夜星月依然美麗，
楊柳樹叢依然鮮綠，
松葉依然如波搖曳。
心雖渴望回到家鄉，
但梅花仍在高山呼喚我。
四月葉綠，
花在微笑，
令月增壽，
讓山添春。
園裡的絲瓜藤開花，
孩子在前院玩耍，
滿院桃色陽光，
文市售賣的書如高樓。
以酸菜度日，
天天都快樂。

憐惜家鄉的心徘徊忐忑，
家鄉的消息急促地來回不停，
古寺少了嘹亮鐘聲。
那些孩子的父母身處牢獄，

文人藝術家束手無策。

小孩子無依無靠，

無人照料。

海浪在暹羅灣翻滾，

多少青春年華的靈魂沉入深海中。

痛惜，心依然在願求。

那巨大的痛苦如何化解？

之前和之後，請不要猶豫，

那雙手的深情依然圓潤。

請保持一顆赤子之心，

在波濤洶湧時，保持心的寧靜。

還有陽光在呼喚高山，

還有櫻桃樹在庭院前，

還有圓月夜優美的月光，

還有往年綠油油的楊柳和那搖曳如波的松葉。

失去故鄉的蝴蝶

紫蘇葉，
宣告秋季成熟了。
鳥兒在葉子間鳴唱，
天空雲朵一片安寧，
溫和的早上，
鴿子張開翅膀。

和平，
孩子們展臂懷抱，
樹芽慶祝點滴的陽光，
金黃的草坪寬廣。
十年了，
蝴蝶失去了故鄉。

在芳雲庵，我種了各式香草，如薄荷、紫蘇、香蜂草、芫荽、羅勒、叻沙葉、洋香菜、芹菜。菜園也種了很多菜，如茼蒿、芥菜、甜菜、南瓜等。芳雲庵的菜園就如家鄉的菜園，尤其在芥菜開黃花時，蝴蝶飛滿菜園。每當我遠行久了，就會想念菜園。在遠地，天氣炎熱，手中拿著一杯解渴的清水時，我也會想起那一排排的香草。

一杯清水在手，
陽光照耀幾天。
百里之外，
一排排香草，
等我回去
澆水。

祈禱的火焰

清早，太陽閃耀，
宇宙啊，我想擁您入懷。
鳥兒在歌唱，
賣糯米飯的阿姐走過竹子路。
家鄉啊，我想擁您入懷。
人們在市集聚集。
世間啊，我想擁您入懷。
二十小時後，我將不在此。
我把自己交給火。

太陽在閃耀。
噢，家鄉，世間，宇宙！
一切美得無與倫比。
分離無法忍受，
我的愛無可估量。
如許多回憶——
然而我無法帶你去，
哪怕是一片葉子或一塊鵝卵石。
每一片樹葉，每一顆石子，
都如此珍貴。

清早醒來，我睡得甜美，

猶如一個無憂無慮的天真孩童。

我的雙手啊，呼喚火焰今晨歸家是你的責任？

雙手撫摸臉頰。

吾之雙手，你是忠誠的朋友。

分發糖果糕點的手，

沾滿墨水和拿著粉筆的手，

編織綢緞的手，

撫慰孤兒頭髮的手。

清早醒來，

噢，我想永遠地活著。

每個玫瑰色的清晨，

每個全新早晨都是充實的一天之始，

猶如一張潔白的紙等待字義。

為何今天的宇宙如此美麗？

是因為我快死去了嗎？

抑或因為我張開了眼睛？

噢，這麼多星星，那般遙遠！

清早醒來，

我覺知臉龐和雙手，

以及這一小盆清水。
我多麼渴望在那清澈的水裡游泳，
成為一條小魚！

清早醒來，
窗戶向清新的空氣敞開，
我多麼渴望飛上天空，
做一隻鳥兒！

清早醒來，我看見一群學生穿過馬路，
嘰喳如小鳥。
向前走吧，我幼小的兄弟姊妹。
走向安寧的天際，
那裡沒有愁苦，沒有殺戮。
我會在你們身後，遮擋火和血。
快快前進吧，我親愛的人們。
岩石、丘陵、山脈和森林，都在盡力阻擋這場血火！

遙遠前方，會有一位姊姊或哥哥在等你。
偶有鳥兒和蝴蝶闖入課堂。
玫瑰花爬上教室窗台，帶來迷人香氣。
糖果糕點在桌底下傳遞。
大哥哥知道，依然微笑。

大姊姊也知道，但假裝不知。
你們的讀寫課文用南方口音讀出，
每次寫錯音標只算對了一半。
我憐愛你們的絲質頭髮和明亮雙眼
——甚至於你們衣服和臉上的墨跡，還有那一行行鼻
　涕。

街上擠滿了人。
你們在想什麼？
你們在擔心啥？
每個人都有不同的憂慮，
每個人都有自身的處境。
大家都忙著早間差事。
我獨自走著，
走在地上卻如腳踏高空。
我仍在此，但我已離開。
只剩下二十小時。
我不會開口跟任何人說心事。
我不孤單。

噢，朋友，人類，兄弟姊妹，
我愛惜你們，
愛惜我們共同的地球。

我的眼淚湧出。

我低首，用衣袖抹去淚水。

我微笑著，仍懂得害羞，

因為我仍在愛，在惋惜。

我仍滿懷情感，想要留下。

我獨自前行。

噢，朋友們，請讓我走。

不要生氣。

也不要靠得太近。

保持距離，這樣我才能履行誓言。

我渴望擁抱你們每個人，年輕和年老，

然後好好哭一場。

但那樣會毀了一切。

我們的眼淚會腐蝕我所有的決心。

請原諒我，我親愛的父親母親。

請原諒我，我親愛的兄弟姊妹。

請記住那條河的故事。

讓我做船夫。

讓我聽蔚藍海浪每天早間的談話。

讓我看看領翁橋。

那些船載滿鮮紅色的陶罐和陶鍋，

其他人則提著大桶魚露。

我看到賣檳榔的阿婆，

嘴唇因嚼檳榔而發紅，

她們頭上裹著條紋布。

我們的祖國太美了！

那裡有寺院、竹林、檳榔園和荖葉，

還有熟悉的江口。

我想回頭。

但即使回頭，我也找不到回家鄉的路！

我於每一步中觸摸祖國的土壤。

祖國大地被炸彈和炮火摧毀。

我們為那些綠色花園祈禱，

竹梅盛開，

在前院種上仙人掌。

我雙手合十，接受紅色的火焰，

如同一篇祈願文。

讓我最後看一眼街道房舍。

最後一次看天看水看樹看草。

讓我看看星星和月亮。

最後一次看這些可愛的人們

——阿姨，叔叔，兄弟姊妹們，年輕人和老者。

看同胞們有說有笑。

讓我用細小雙臂將你們擁入懷中。

我看到了你們，我的兄弟姊妹。

我走了，但我仍在這裡。

明天，太陽升起，

我的詩將傳至我所愛的人，與你們同在。

寫於一九六六年，聽到一枝梅在西
貢的慈嚴寺為和平與和解自焚之
後。她是相即共修團首批六位成員
之一。

我們得回答

一朵蓮花在海洋上盛開，
小寶寶出生了，
在萬重浪花之間。

今天凌晨，元月三十日，
船上的二百八十一人聽著夜浪，
靜默祈願。
八位船員靜靜將船駛向南方。
飲用水已盡，
船在刁曼島附近航行，
求救。

夜裡的海洋，
海浪拍打著船身。
月光已消失，
星光照耀，讓嬰兒誕生。
銀波蕩漾。

一位母親躺在甲板上，
迎接嬰兒的到來。

整艘船無獨立房間，
醫生也是萍水漂泊之人。
嬰兒誕生的哭聲被風捲走了。
母親虛弱地微笑。
醫生起身報喜，
二百八十人一同拍掌。
船長喊道：
我們向著南方航行，
人數變成二百八十二，
請大家感恩佛天。

無線電將喜訊傳至陸地，
今早陸上的人得知嬰兒出生了，
寶寶名阮氏羅蘭達（Rolanda）。

嬰兒從哪裡來？
嬰兒去向何方？
為何選擇降生於海洋，
在一艘漂泊的船上？

嬰兒未問，
但我們得作答。
誰捨得讓半夜綻放的蓮花，

沉入海洋深處。

朋友啊，你得回答我們，
我們要將嬰兒帶往何處？
請騰出一雙手來幫忙。

一九七六年，在一次幫助船民的行
動中，一名嬰兒在我們租用的一艘
船「羅蘭號」（Roland）上出生了。
當我們收到她出生的消息時，我寫
了這首詩。

寂靜

香紙彷彿一冊玄史。
青水杯以水晶之眼在笑。
銀白浪花一波接一波。
冰冷的石頭召喚迷霧，
於風呼嘯的高峰。

我醒來，舌尖凍結。
午夜草尖的露珠。
光線突然橫穿天空，如劍刃。
閃電，雲朵快速移動，
東方的號角聲在催促。

那年的棕葉雨衣。
風吹樹葉飛舞。
你的筆畫在描繪
棕色——雙臂的顏色，
棕色——風霜。
那年的田埂，
汗水澆灌稻穗。

這一刻，星球迷失於高空。

大鵬鳥搖動雙翼。

空間一窪窪飛濺、爆炸。

一個太陽正在外面上上下下，

像鯨魚紅色的眼。

我的鏡頭攝受史前影像。

閂閂剛鬆開

——昔日萬劫曾閂住未來之路。

今早外出，林邊鳥兒歌唱。

你沿碧綠的路逃回。

蓓蕾、花苞、絲瓜嫩葉一起招呼空間。

手握指揮棒，

天才藝術家指揮宇宙之聲。

所有聲音回歸寂靜的原點

——空性之點。

強光——

嬰兒的眼睛第一次看入世間。

我忽然看見純樸的鄉村母親，

頭上盤起髮髻，

燃燒堆起的竹葉。

濃煙滾滾，溫暖了天空。

佛陀在薄雲後微笑：

今夜月圓。

祈禱找到生活的土地

小船在海洋的風浪中漂泊，
決心找到生活的土地。
航行的日子饑餓寒冷。

我們是浩瀚海洋的泡沫，
我們是塵埃，
在無盡空間，
我們的聲音湮沒於呼嘯的風。

船上無有水喝，
食物已盡。
孩子們哭得精疲力盡，
直至失去意識。

我們渴望著陸，
卻未能靠岸。
耗盡精力求救，
那些船視而不見。
風浪突然興起，
多少船隻在沉沒？

多少生命葬身海底？

耶穌基督，您聽到我們肉身的禱告了嗎？
觀世音菩薩，您聽到了我們來自深淵的呼叫嗎？
大地，您明瞭我們的心事嗎？

請人類同胞為我們而在，
請陸地張開雙臂，
讓我們在這塊土地找到希望。

我們希望將一船難民載往澳大利亞
和關島。我們祕密進行，準備將羅
蘭號駛往達爾文。一九七七年初，
我寫下這首詩，並譯為法語和英
語，通知登陸點的記者報導此事，
請當局不要將難民趕回海上。

淵源

喜瑪拉雅是哪座山脈？
我內在有座山峰高聳至雲端，
請和我一起走上這無名的雄峰，
坐在不知年歲的碧綠色大石上，
靜靜看時間編織光亮的絲線，
織成一縷空間。

九龍江流往何處？
我內在有滾滾長江，
不知源頭來自哪座深山，
銀白色的水晝夜滂滂奔流無定處，
請和我將船放落於凶猛的水流，
一起尋找浩瀚宇宙的終點。

仙女座是哪片星雲的名？
我內在有億萬明亮星球組成的星河在默默運轉，
請和我一起飛翔，
戳破空間的網，開拓雲路，
你的雙翼將震動所有遙遠的星系。

智人是言說哪種生物？
我內在有一個小孩，
左手拉開夜晚的帷幔，
右手拿朵向日葵作火炬，
他的雙眼是兩顆閃耀的星。
他的頭髮鬈曲，
如暴風雨午後古樹叢林上的雲。

請和我一起去問孩子：
你在找什麼，要去往哪裡？
淵源在何處？歸處在何方？
哪條是回歸的路？
孩子只是微笑。
他手上的花，
忽然變成極亮的紅色太陽，
然後獨自在群星之間漫步。

我在一九七七年寫了這首詩。在飛
抵巴黎之前、於巴西里約熱內盧舉
行禪修營後，我配上音樂，在飛機
上完成。

來去

紙上的筆跡，
沙上的腳印，
天上的雲，
明天，我已走了。

幻化

天際的眼簾疲倦了，
山頭在尋找枕頭，
斜斜地依靠著。
夜晚回來了，
夢中滲透花草的芬芳。

幻化。
手掌風起，
銀河玉燭閃耀。
山腰的門框開著沒有關上，
流星忽然燃燒了經中所說。
萬世在蒙昧的循環中繞圈，
突然看到真實。

一九七〇年寫於豐瓦訥（Font-
vannes）的靜修處。

流動

頭枕於浪，
隨波而流。
寬闊的河流，
深廣的天空，
浮沉如泡沫，
亦如翼。

作於一九六六年。

蓮花手觀音

空中花地上花。
蓮如佛眼盛開，
亦在人心綻放。
優雅手持蓮花，
帶來藝術宙宇。
繁星天域湧現，
微笑新月初升。
那玉色椰子樹，
觸及深夜蒼穹。
我心遊於至空，
乘真如而歸來。

蘭卡

碧浪千年為島嶼唱著搖籃曲，

浪聲蘊含海洋深沉的愛。

男孩們赤腳在綿密的沙灘上奔跑，

皮膚帶著濃濃的海洋味道。

風吹帆脹。

高高的椰子樹蔭滋養大地的香氣，

香蕉波羅蜜芒果鳳梨依然香甜。

高山路上雨滂沱風蕭蕭，

佛陀的足印依然完好。

燦爛的黎明迎接歡慶的一天，

腳掌打著拍子為鼓聲伴奏。

村女柔嫩的雙臂優雅舞動，

意喻佛陀降世之喜。

這首詩於一九七六年寫於斯里蘭卡。斯里蘭卡是一個熱帶海島國家，常年綠油油，有許多蕉樹、波羅蜜、芒果和鳳梨。我大約於一九七四年四月前往參加一個關於共同和平生活的宗教會議。一天，我走向鄉間的海灘，遇到幾十個鄉村小孩赤腳走在沙灘上，未穿上衣，只穿褲子，皮膚黝黑，健康活潑，尚未被文明生活所影響。海沙細白，椰子樹屹立，海水碧藍，可以嗅到海水的氣味，孩子的皮膚也帶有海洋的香味。我走近孩子們，將他們擁入懷中，但因語言不通、未能跟他們交談。忽然，我想起我們有一種共同語言。我合十念：「Namo tassa bhagavato arahato samma sambuddhassa...」所有孩子都跟著我合十，繼續念這首皈依頌。在斯里蘭卡，孩子們都能用巴利文念三皈依，就如在越南孩子們懂得念〈弟子敬禮〉。

陌生海岸

人們試圖捕捉空間，
旋即又放下。
色彩試著分享光，
雲朵在我腳下舒展。
走在荒蕪小徑，
我看穿自己的靈魂，
也看到前世的真實樣貌在此刻顯現。

時間之窗已開，
回憶的幔幕飄浮在風中、綠色裡和陽光下。
我看到喜瑪拉雅山脈上的永久春天，
有一片無人見過的草地，
那裡的草總是清新。
天上的星，
像金色紫色的花。
他咬了咬手指，集中注意力。
我的船剛停靠在陌生海岸，
在星光下全然沉默。

一個孩子在說話。

那是熟悉的世界嗎？

聽。

靈魂繼續飛翔，

雖未得到起飛的命令，

飛行員的雙手仍被緊緊捆縛著。

忽然聽見風的低吟。

巨鳥展翅。

現在，空間全然屬於你。

你要去往何方？

一顆遙遠的星星在召喚。

儘管地球感到迷茫，

天空和雲朵依然友善。

薄霧浮於河面，

晚霞雲集。

母親和弟弟在那邊等我，

午間，

檳榔花香瀰漫，

吊床的聲響提示你享用午餐。

我仍在椅子上感到倦乏，

月亮依偎在山上。

年輕人，你是誰？

今早我們碰巧相識。

現在，他頭靠在頭枕上。

思想就像長長的線，
蠶蛹用絲為自己編織牢獄。
風繼續在我耳邊低語。
一塊小餅乾，
一小杯咖啡。
我發現自己半醒半睡，
空服員走著，恍若雲端。

這首詩寫於飛機上。

心月

新的黃昏來到，
天空喧譁地醒來。
鳥兒的眼睛碧藍，
在水晶葉子間回轉。
從遺忘中覺醒，
心靈光亮極了，
心湖靜照清平月。

般若

陽光即綠葉，
綠葉即陽光。
陽光不異於綠葉，
綠葉不異於陽光。
其他種種形色，
亦復如是。

這首詩寫於某個樹林，當春天葉子
仍幼嫩時。

高峰

昨夜，

消息自溫暖地心傳來。

深夜，

芳香奶源忽然如泉水湧出大地。

巍峨壯美的時刻到來，

太陽在高山頂顯現。

高峰是一位出生於一九七四年某個清晨時分的小男孩。他的父親於一九六九年到七二年期間和我們一起做服務工作。孩子出生前一天，他的父母請我為孩子取名。我說，因為不知道是男孩還是女孩，不知如何為孩子取名。那天早上收到消息，一位小男孩出生了，我立即為他取了「阮高峰」這個名字，還寫了幾句詩送給他，希望小嬰兒高峰將來能如太陽顯現在高山頂。

空的樹林

樹林，

千樹身，

一人身。

枝葉在招手。

耳聽溪流的呼喚，

眼敞開心的天空。

微笑在每一片葉子上綻放。

樹林在此，

因為世間在彼。

但心已隨樹林，

披上新綠的衣裳。

昔日的乞士依然坐在那裡

自礦，自氣，自霧，

自心靈，

自星雲間以光速遊行的介子，

你到達此處。

雙眼碧藍閃亮，

無始與無終指引道路，帶你到達。

路上，你說已歷經千萬劫生死輪迴。

你曾是空中的火風暴，

曾以自己的身軀度量山河年歲；

顯現為草為樹，

為單細胞生物，

為無比美麗的花朵。

但今早你看著我的雙眼，

再度證明你從未曾死。

你的微笑仍在邀請我，

參與前世便開始玩的遊戲

——捉迷藏遊戲。

綠色的蟲兒，

今早用自己的身體度量樹芽。

幼嫩的樹芽去年整個夏天發芽，

誰對你說，你今年春天才剛出生？

其實，你從何時已經存在？

為何此刻才展現原來的形態，

帶著沉寂的微笑？

蟲兒啊！

從我的每個呼吸，湧出成千上萬的行星。

那無限大的，並不在你細小的身軀之外。

你身上的每個圓點，建立了萬千佛土。

你以身體的每次伸展度量無始無終的時間。

昔日的乞士，依然在靈鷲山，

淡然坐看輝煌壯麗的日落。

喬達摩！

多麼奇怪！

誰說優曇婆羅花三千年才開花一次？

那海潮音，

願意傾聽的耳朵哪會聽不到？

這首「愛之詩」，正如喬安娜·梅西（Joanna Macy）所說，與本來面目有關。在佛教中，當老師對他的學生說「讓我看看你的本來面目」，這是邀請他發現自己的本性。親愛的，你來自礦物、氣體、霧氣和意識。你已以光速穿越了許多星系。無始和無終一起指引你的道路。而現在，你是一條毛蟲。

我看著你，認識到這一點。雖然你看上去很小，但你已在外太空創造了一場火風暴。你用自己微小的身體測量了山河的年歲。無限小包含了無限大。禪修就像尋找你的愛人。昔日的乞士，釋迦牟尼佛，仍然坐在那裡。不要以為他已消失。他仍在禪觀，欣賞美麗的夕陽。他的教導仍然有力，就像海潮音，如果你用心聽的話。

我第一次去靈鷲山是在一九六八年，有一天傍晚時分，我看到自己在用佛陀的眼睛觀日落。一九八八年，我們一群人一起到那裡時，我又有同樣的感覺。這首詩寫於一九七〇年。

幻境

年輕，
猶如灑滿夏日天空的甜美陽光。

靜謐的午後——
年月
只是地球的表情。

為何注意
永不停歇的季節？

一九六六年寫於巴黎。

小河的故事

誕生於山頂，一泓泉水舞動著奔流而下。這道清水邊行邊唱。她無法慢下來，她希望能夠更快。奔流、急速流動是唯一的方法，如果可以的話，她甚至想飛行。她希望能夠抵達，抵達哪裡呢？抵達海洋。她聽說過深沉、蔚藍、美麗的海洋。與海洋一體，是她的渴望。

到達平原，她成長為年輕的河流。在美麗的草地彎曲前行時，她必須慢下來。「為什麼我不在還是小溪的時候拐彎呢？我想到達深邃的藍色海洋，如果我繼續這麼慢，如何能夠抵達那裡？」作為小溪的時候，她並不快樂，因為她真正想的是長大成為河流。但，作為一條河，她並沒有感到幸福，她無法忍受慢下來。

隨著她慢下來，這條年輕的河開始留意到映照在她的水面的美麗雲朵。他們有不同的顏色和形狀，在天空浮動。看來，他們能夠自由前往他們想去的任何地方。渴望成為一朵雲，她開始追逐雲朵，一個接著一個追逐。「我不樂意做一條河，我想像你們那樣，要不然我會受苦，生命真正不值得活了。」

小河因而開始玩一個游戲——追逐雲朵。她學到了笑和哭。但雲朵並不會在同一地方逗留很久。「他

們映照在我的水面，但隨之離開。沒有一朵雲是忠誠的，我認識的每朵雲都會離我而去。沒有雲令我快樂和幸福，我恨他們背叛我。追逐雲朵的興奮，抵不過這些痛苦和絕望。」

一個下午，一陣強風吹走了雲朵。天空變得完全虛空。沒有雲朵可追逐，河流的生活變得空虛。她很寂寞，不想再生存下去。但一條河怎會死去？你能從某些東西成為什麼也沒有嗎？由一個人，你會成為不存在？這可能嗎？

晚上，河流返回自己的內在，她無法入睡。她聆聽自己的哭泣——她的水拍打河岸的聲音。這是她首次這樣深深地聆聽自己。如此聆聽的過程中，她發現非常重要的事情：她的水由雲構成。她曾經追逐雲朵，而不知道雲其實是她的本質。這條河覺知到，她所追逐的對象就在她之內。她接觸到安詳。突然，她能夠停止了，不再感到需要追逐外在的東西。她已經是她想成為的。她經歷的平和實在令人喜悅，為她帶來了深度的休息，深層的睡眠。

第二天清晨，河流醒來，她發現有新的、美好的東西映照在她的水面——藍天。「這是多麼深邃，多麼平靜。天空無限廣大、安穩、包容，完全地自由。」很難相信這是河流第一次將天空映照在她的水面，但這是真的。因為以前，她只是對雲有興趣，從來沒有

注意過天空。沒有雲可以離開天空。河流知道雲朵還在那裡，躲在藍天的某一處。天空一定包含了所有的雲朵和水在他之內。雲看似無常，但天空一直在那裡，作為所有雲朵忠實可靠的家。

接觸天空，河流觸及安穩。她接觸到究竟的層面。以前，她只是觸及雲朵的來去、存在和不存在。現在，她能夠接觸所有的來去、存在和不存在的家。無人能夠再在她的水裡取走天空。停止和接觸是多麼美妙！停止和接觸帶給她真正的安穩和平靜。她到家了。

那個下午，雲朵們一一回來了。河流已經變得睿智，她能夠以微笑歡迎每一朵雲。這些雲的顏色和形態看來都跟之前一樣，但對這條河流而言，他們不再相同。她並沒有覺得需要擁有或追逐某一朵雲，她帶著平靜和慈愛向每一朵雲微笑。她享受雲朵映照在她的水面。但當他們遠離時，河流沒有感到被遺棄。她向他們揮手，說：「再見，祝願旅程愉快。」她不再執著於任何一朵雲。那是幸福的一天。

那晚，當河流平靜地打開她的心胸，面向天空，她得到映照在她的水面最美麗的影像——美麗的圓月，微笑著，是那麼明朗、那麼清新。

佛陀的滿月游於天空，
無限的虛空。

如果生命之河流平靜，

清新的月亮將美好地反映在水面。

所有空間都似乎在那裡享受月亮的存在，而月亮看來是完全地自由。河流在她的水面映照著月亮，享受同樣的自由和幸福。

對所有人而言，這是多麼美妙、值得慶祝的晚上：天空、雲朵、月亮、星星和水。在無盡的祥和中，天空、雲朵、月亮、星星和水，享受一起禪行。他們行走，但沒有需要抵達的目的地，甚至連海洋都不是目的地。他們在當下感到幸福。河流不需要到達海洋以成為水。她知道自己本質是水，同時是月亮、天空、星星和雪。她何須逃離自己？誰說河不流動？一條河流就是會流動，是的，但她不再急忙。

圓月晚會

當色觸碰到空，什麼會發生？
當想進入非想，什麼會發生？
朋友啊，請來與我一起觀看，
生與死這兩名小丑，
正一起在塵世的舞台上玩魔術。

秋葉枯乾了，樹葉在飛舞，
紅的葉黃的葉，滿天壯麗。
多久以來，樹枝呵護著葉子，
今早樹枝放下葉子，紅葉隨風而飄。
掛上燈，掛上旗，
圓月晚會熱鬧非凡。

朋友啊，你還在等什麼？
高高掛著的月光仍未熄滅，
夜空中沒有一絲雲。

找燈火圖添煩惱，
飯食又何用擔憂？
誰在尋找，誰得到了？

徹夜共月同歡慶。

了觀禪師（1670-1742）於一七〇
八年呈給其師父慈勇禪師的一首偈
子。這首詩是對其中「早知燈是
火，飯熟已多時」這兩句的回應。

生死

生生生死生

死生生死生

死生生生死

死生死生生

這首詩只有四句，兩個字「生」和「死」。此詩創作於一九七四年斯里蘭卡舉行的宗教工作者「和平共處」的會議中。在會議的前三天議程中，我未開口發言，因為各方代表談及過多的理論，而未言及實際的問題。各位宗教領袖，尤其是「神學教授」們，浪費了很多時間論述其所屬宗教的「自我」。整整聽了三天，於是我便作詩。這是那次會議中所作的詩作之一。我譯成英文，請泰國和比利時的代表閱覽。該譯本已失傳。我將其冒昧譯成白話文如下：

自多少世，生死已經發生。
此生死牽引別的生死。
當生死的概念發生，那就是生死。
當生死的概念消失，真實的生活

才得以發生。

詩中的生死可演繹如下：

自多少世（生生），生死已經發生（生死生）。
此生死（死生）牽引著別的生死（死生）的發生（生）。
當生死的概念發生（死生生），那就是生死（生死）。
當生死的概念消失（死生死），真實的生活才得以發生（生生）。

我重譯成六八體，請別見笑：

死生自多少劫，
死生連連接請死生。
死生由死生念，
此念一絕證悟無生。

謹慎

荒蕪小徑，
落葉滿地。
走在這小路上，
泥土如小孩的嘴唇殷紅。
忽然，
我謹慎地
踏出每一步。

心不忙著回來

坐於此靜聽鳥兒飛翔，

大千世界盡在咫尺。

西方的烏鴉飛過無痕，

東方的玉兔升到了山頂。

就只有我一個人在，

聆聽天地互相呼應。

出禪後的寧靜久遠，

月光照亮綠葉竹簾外的樓閣。

昔日的河流順著塵世的路，

風吹八面，心沒有忙著回來。

小水牛追逐太陽

雲深處

　　那裡雲很多。這次沙彌真的不知道他的師父在哪裡。他只知道師父清晨就已前往深山採藥。師父是在採藥，還是在老松樹間採摘雲朵？

　　「為何沙彌不請客人進到庵裡，以熱茶款待？」「尊敬的先生，我師父前往山中採藥，也許快回來了。請先生進來草庵用茶，等師父回來。」

　　「為何沙彌讓客人一直這樣在外邊站著？霧茫茫，客人的衣服也濕了，沙彌你看不到嗎？」「尊敬的先生，如果你有什麼急事，我去山裡找師父。雲雖密，但我可以用手當喇叭來呼喚。敬愛的師父，您在哪裡，我在找您，有客人等您。」

　　「沙彌，請別掛心，讓我自自然然就可以了。我想坐在此處喝茶，欣賞霧覆蓋山林。請別打擾師父。師父何時回來都可以，不回來也沒關係。」

　　兩棵高聳的松樹，是通往草庵的路的標誌。「這裡是九嶐山嗎？今早我找到這裡，不是為了見師父，而是為了尋找自己。頑固的孩子是我，到處遊蕩百萬劫輪迴，現在想回到父母處。我仍有一顆懂得悲咽的心，堆滿了哪一劫的憤恨。今早，沙彌那雙明亮的眼

睛，似乎使我的心停了下來。我的樣子像在猶豫，但
沙彌眼裡的甜美溫柔和堅決勇敢，已傳遞給我許多光
明。」

那人禮拜，頭觸地，額頭貼在佛堂清涼的石板地。

「我回來了，不再流浪了，不再將自己捆縛在爭
執仇恨的世界中。今日是重生日、再造日。我回來，
證明有千花萬葉，感謝重生之恩，感謝因慈悲之宏德
而再生。這處雲很多，但正於此我將看清人的面貌。
這處雲很多，但正於此我將看清自己的面貌。」

草庵立於山側。後方有許多小徑。上方的山頂淹
沒在雲中，不知何時起聳立在那裡。山頂關懷，山頂
呵護。每個傍晚，雲繚繞山頂，雲縈繞山腳。草庵睡
在雲心中，草庵是雲庵。

花草傾聽

芳貝是何處？芳貝正是這裡。芳貝是早上芬芳的
茶樹林。人們找到山腳來，摘一片嫩茶葉品嚐，又香
又甜又澀。小路賢良親切。兩旁的樹葉正在傾聽。每
片葉子是一個耳朵，每朵花也是耳朵。紫色的彩鐘花
在聆聽。它明白，每一片葉子也是一隻在揮動的手。
你們聽到什麼？他們說話如同作詩，如同在重複千世
未變的心思。

山上的微風、四月綠油油的草地、夏天的涓涓細

流、環繞山頂的雲、鳥鳴聲、楊柳聲，是否一起在說著它們共同的語言？翠柳黃花是內心境界，白雲明月是微妙的表現。

你們請聆聽。它們說給自己聽，亦如你們在天地之間，在微妙現有中說話。我們得為之作證。他們是一群人，五、六個、九個，或者只是一人。他們已橫過這處，他們的手已撫摸我們，他們的眼睛已明亮起來，因為認出我們是真實的存在，而非夢中幻影。紫色、綠色、長線、彎線、遠路、近路、五色星星、一簇簇的紅太陽、白嫩或紫紅的長手指。

我們迎接它們，揮手打過招呼，接受它們在我們之中。我們躺在它們懂得敬愛的手心。桉樹姊姊啊，請垂放枝葉。百合妹妹，請微笑。滿溢的現有，無任何丟失，也無任何添加。我們的太陽，所有人的太陽，時時都在。今天傍晚我也許離去，但明早我的孩子將盛放。花草依在，如此，我也將依在。我們所有人將為他們護念。他們發了大願。剛聽到的訊息，我已傳出去。葉子傳給葉子，樹枝傳給樹枝。

山頂的雲

訊息已傳到山頂，白雲聽到了。山頂嬰孩般的枝葉，已揮手做訊號。大願之言已寫進現有的巨大書頁上，變成星月的筆跡，散播開來成為雲。那些小水滴

已高飛。有誰可以囚禁霜霧。

明天雲凝結成雨，訊息將滲透進五洲四海。在大老山林上的芳貝家鄉，一群孩子在嫩綠的草地上玩耍。今早夏雨中的梅德福森林，「那山」山頂上隱士的井，安子山上的神仙石，處處都已接到訊息。

清澈的黃昏

黃昏，多麼美。有煙霞和雲，有江水與河邊的楓樹，有漁夫若隱若現的柴火，但我並不感到思鄉。我正躺在家鄉心中，透過雲看山，透過山看雲。我躺在山背上，透過遠處的一排排樹看西方。清澈的黃昏。天地每分鐘都在變化，我也在變化。每分鐘都很美，每分鐘都很奇妙。我背靠平緩的山坡，睡著了。生命在全體和每一絲微妙之中歌唱。一擁抱一切。在平安的睡眠中，山頂看守著我。

雲結伴回山，愈來愈多。
過去和將來不在了。
現在滿溢。
我坐起來。
號角聲不再催促。
草的香氣令人迷醉。

紫蘇葉

　　沙彌，那天早上我不是指給你看山腳那棵高大的紫蘇嗎？你懷疑那是否是紫蘇，紫蘇怎會如此巨大？我摘下一片葉子給你聞，你確認那是紫蘇的香味。

　　我告訴你，我非常喜歡紫蘇的香味，就如同喜歡茼蒿、芫荽、薄荷、刺芹和其他在家鄉土地上生長的香菜的香味。白千層葉亦如芭樂葉，有特別的香味，我非常喜歡。每一片芭樂葉，雖然只是一片小小的芭樂葉，皆帶著我們無法在其他任何種類的葉子找到的特別香氣。

　　沙彌啊，假如明天藉由太空船連接其他行星，我們人類可以到達那些遙遠的行星安居樂業，每當我們聞到一片紫蘇的香味，一定會思念家鄉，想念我們的地球。

　　現法非常美妙。每一片葉子有整個天空的香味、香氣，每一片葉子擁有整個天空的紀念，每一片葉子有一個特有的心物理宇宙。一片葉蘊含整個世界。我們以驚訝和誠懇的態度來觀看。我們在美妙的表現前彎身鞠躬。我們不敢輕視任何一片葉子、任何一顆卵石、任何一抹香味。

　　你的聲線是你的聲線，不可能是其他人的聲線。我記得前些年，曾在小小的錄音帶中聽過你的聲線。音聲打開明亮的天涯。那天涯是它自己的世界，有過

去、現在、將來。然後,有一天有人告訴我,你已用
電話向我報訊,讓我知道沙彌你將在山腳處與我見
面。多麼驚奇。電話線是人類的一個發明,延伸了現
象世界的存在。

有些美妙的現象,滿足了人類有關無邊、真、善、
美的需要,其他現象又故意自我緊閉。人類用頭腦和
心靈努力尋解卻不得要領,只因在進入現有的八萬
四千條路之中,人類已經習慣僅透過幾條小徑來進入
宇宙。

沙彌,今早你已用自己明亮的雙眼看到我。此時
我又看到那雙眼睛。你的眼睛是一扇窗戶,讓我看到
法身世界的美妙。你是敞開的門。你充分代表了真如
世界、紫竹黃花的世界。因為我看到了你,所以我看
到了每一塊鵝卵石、每一片葉子,我在一片茼蒿葉中
看到了宇宙和家鄉。

陽春山

桂花是陽春山上最珍貴的花。你知道嗎?陽春山
全是石質土。祖庭建在那裡,,已超過一百五十年。
那些桂花樹瘦弱,樹身和樹枝長滿了白色黴菌。白色
的花夾雜在瘦小的樹枝中,香味濃郁,花簇細小但清
新脫俗。那時我和你差不多大。每天下午差不多三點,
我常摘下二、三簇小花,足夠泡壺茶給師公。花少,

但幾乎四季盛開。沒有採摘的花會枯黃，然後落下。

有一種深黃色的昆蟲，小如沙粒，偶爾喜歡躲在細小的花瓣裡。當時是沙彌逢春的我，常把花簇放在一張白紙上抖一抖。如果花中有這些小生物，牠們會被抖出來。將小小花簇放在左手心時，我有時間嗅一嗅花香，再把花簇放進茶壺，然後倒熱水。茶壺裡已有少許新茶。

午時，師公喜歡有這樣一壺茶放在書桌上。師父常給自己倒一杯茶，然後倒一小杯給我。我恭敬地站在旁邊侍奉茶水，也能與師公一起喝茶。這是弟子生命中最幸福的時刻。午時的祖庭非常平靜。大雄寶殿的陰影，足以遮蔽師公寮房旁那些長長排列好的陶甕。樂義堂的門任何時候都開著。中庭清甜的楊桃樹，樹蔭遮蔽了淺水池和假石山。那些黃色的楊桃葉有時會輕輕落下，浮在水面上。假石山很古老了，滿是青苔。又大又重的楊桃，果實纍纍地掛在樹枝上。有人說這些楊桃如柑橘般甜或是更甜。其實，楊桃是楊桃，柑橘是柑橘，每樣事物都是微妙的一片天。這些楊桃很脆。楊桃好吃是因為它爽口，不會有汁滴出來。吃楊桃，從來不會被果汁弄濕手或衣服。脆，甜，不多汁。那清甜不像橙子或香蕉的甜味，那是楊桃的清甜。你在笑沙彌逢春，是嗎？

慈光寺有一位法師法名為重恩，他非常賢良莊

嚴，是一位詩人。許多僧尼都能背誦他的詩。法師的筆名是竹葉。每個農曆新年，他都會來祖庭探望師公和我。每個新年，他都會得到師公給他的一顆楊桃。楊桃放在一個白色碟子上，碟上還放了一把刀。刀只是用來削楊桃星翼線上的硬皮，切去頭尾，然後順著楊桃的星翼分隔縱線切成五片，用手拿著吃。我們從不把楊桃橫切成一片片星星的形狀。看到竹葉法師離開時，我會多摘一顆楊桃讓法師帶回慈光寺，放在房間裡欣賞。通常，這顆楊桃會連同幾片楊桃葉，一起摘下。

吃楊桃，我們不會配茶喝。

羅旦梅樹

大概下午三點，太陽依然熾熱，所有人都去勞動了，或在正殿，或在外邊的木薯園，或在草山和圖書館。師公戴上一頂斗笠，斗笠的竹架有二十四圈這麼大。他走到下方的湖或走上松山監督工作，給予意見，貢獻其清新而愉快的存在。師公拄著竹杖，在每處停下十或十五分鐘。師公人到哪裡，哪裡就充滿歡樂。有些日子，我跟著師公去探望那些竹筍。竹筍如槍桿般強壯，看起來非常清甜。

茶的香味和香氣必定影響全寺整個下午的活動氛圍。我在竹筍生得最茂盛的地方折下一些，抱在懷裡

到廚房給四姨做晚飯。有時，我跟著師公去撿蕈菇，尤其是雨後的清晨。

何時你回到祖庭，我將帶你走遍寺院的山丘、花園、小路、竹叢、水井。你將學習用師公的眼睛去觀看，用我的眼睛觀看，也用你自己的眼睛去觀看。每個角落都充滿紀念，像塔園山旁的石灰牆壁。昔日，沙彌逢春和心滿常在那裡烤長矛般的竹筍和新鮮的蕈菇。首先是竹筍，沙彌倆收集松針、塞進牆角生火，把竹筍烤到熟軟。竹筍肉鮮黃，異常香甜。沙彌倆吃烤筍配鹽和胡椒。還有鮮菇，滿滿的各類鮮菇，包括椎茸、蘑菇、雞油菇、蟻巢傘、牛肝菌等。沙彌倆到溪邊，用溪水把蕈菇洗乾淨，用鹽洗擦鮮蕈菇，再用清水洗一次，然後把蕈菇、胡椒、鹽用新鮮的無花果葉一層層包起來，最後用乾的松針生火烤。蕈菇烤熟後，沙彌配上在寺院園子裡摘下的芫荽、羅勒、薄荷葉、紫蘇等香草來吃。

正處年少時期的人有許多渴望，渴望玩耍，渴望調皮搗蛋，渴望隱私，渴望非主流的東西，渴望野性，渴望年少時的友情。

我會帶你去探望寺院北面楊柳園旁的羅旦梅樹。那棵樹與沙彌心滿有關。心滿有一雙明亮的眼睛，其明亮不少於你今天的眼睛。沙彌倆常常在那棵羅旦梅樹下一起玩耍很久。心滿爬到樹上，逢春站在下面。

心滿把成熟的羅旦梅果扔給逢春。在陽光明媚的午後，當大眾在安靜的寮房休息，兄弟倆在楊柳園玩上幾小時。

沙彌心滿比逢春小。回到寺院，你將自然地變成沙彌心滿，你將自然地變成沙彌逢春。沒有什麼過去，沒有什麼失去。

風

水井是石造的，井水如冰水般清涼。有月光的夜晚洗澡已覺清涼，但在夏日中午沖澡更涼爽。我們用大瓢掏水，只需放下兩臂長的繩子，就能碰到水面。夏天時，逢春每天都洗澡，每天最少一次，有時則沖三、四次或五次。確實多了一點，只因井水太清涼。那口水井只用來洗澡、打水澆灌和洗衣。水井由茶樹籬笆圍著。每次去井邊洗澡、洗衣或挑水澆灌樹木時，都得仔細聽，看看是否有誰已先到水井。寺院非常清靜，因此距離幾十公尺，就能聽到瓢子和水從井壁流到井底的滴答聲。我們得等到裡面的人出來，才可以進去。沙彌心滿和逢春則不跟隨慣例。遠遠地站在外面，心滿已高聲喊道：「讓我進來一起洗，可以嗎？」

井邊有一個石造的盆，用來洗衣服。石盆有一個洞，像腳趾那麼大，用一個塞子塞住。現在應該沒有人用那個盆了，但盆仍在。你可以看到逢春用那個盆

洗衣服。如果要打水來喝和做飯，沙彌們只用上面那口井。上井有蓋子蓋著，用來泡茶的水，是從這口井打來的。井水泡茶非常香。還有一個小水甕，用木蓋蓋著，上面放了一個小水瓢，放在通往後屋的半路上、靠近泡茶的小廚房處。沙彌逢春每天早起到小廚房生火，煮水泡茶給師公和眾法師。冬天站著生火，手腳都凍得冰冷了。沙彌只希望火快點燒起來，好讓他取暖，雙腳不再那麼冰冷。任何時候，小廚房都有小塊的松木柴，讓火快速生起。這些木柴是四姨從安舊市場買回來的。這個小廚房只用來在清晨泡茶，絕對不用來做別的事情。

何時你回來，我將帶你去探四姨的墓，造訪妙嚴寺、藏塔和陵園。還記得有一天，我帶著一群順化大學的學生去陵園時，天颳起風來。風愈來愈強，天氣非常寒冷。我帶他們站在陵園裡避風。那裡真是密不透風，但外面的狂風在松樹間呼嘯，變成統治整個世界的凶猛之聲。風太大了，大家都想站到無風之地。之後，我帶大家回到廚房，坐著取暖了很久。

橄欖和木奶果

你的第一頓飯，沙彌們肯定會請你吃橄欖（trái bùi）。紫色的橄欖，浸泡在醬裡，鮮嫩可口。你們可以用手指把橄欖核取出來，然後將橄欖分成一片

片，浸泡在醬裡。也許沙彌會將橄欖跟酸豆腐醬一起燜煮。你會覺得很美味，還得配上很多米飯來吃。祖庭有很多橄欖樹。每年到了橄欖的季節，沙彌們會摘橄欖，供養區內的大寺院。這已成為習慣。西天寺、禪宗寺、慈曇寺、報國寺、靈姥寺、祥雲寺等寺，每座寺院都要供養三百到五百顆橄欖。哪座寺院還未收到橄欖，會「傳話」來問。一天，行者富在街上遇到竹林寺的一位法師。法師問：「你們寺院今年摘了很多橄欖嗎？為何沒看到你們送些過來？」橄欖真的十分珍貴！

那時，沙彌逢春問自己，那些寺院為何不自己種橄欖樹呢？也許因為種橄欖樹需要幾十年才能收成果實。祖庭有差不多十棵橄欖樹。結最多果實的一棵樹，在西堂和後堂後面。樹長在高地上，樹幹筆直，樹冠很漂亮。接著是和尚塔旁的那棵橄欖樹，離玉蘭樹不遠。在牛棚附近的那棵樹，離木奶果樹（trái dầu sở）不遠，也長得很高大了。你一定還未聽過我談木奶果樹。戰亂時期，有時寺院沒有食油。沙彌們得撿木奶果，破殼，搗碎來煮波羅蜜湯和其他有點油質的菜餚。把木奶果烤熟、然後搗碎吃，也能攝取到一些油脂，但你們要小心，吃多了會胃痛。

小智住持

　　一九六四年，你的師兄沙彌一智和我一起到秋盆河上游地區，救助洪水的災民。這次救助行動充滿危險，因為那時戰爭已變得激烈，參戰雙方都在那個區域。你的師姐真空也參與了此次救助行動。穿著薄薄的棕色衣衫，赤著腳，沒有木屐，沒有拖鞋，我們每個人都以正念走在珈桑、山康、康平、山順、四富等地堅硬的土地上。河上槍聲從兩邊傳來，有時沙彌一智會跳進河裡。一智寫信時，字跡跟我一模一樣，如果你們讀了，可能無法分辨。一智參與各先鋒村最初的計畫，實現了青年社會服務計畫中建立自願村的抱負。那是一九六四到一九七四年。

　　「我去田裡，看到一頭水牛……」這是一智為草田村的孩子們創作的一首歌的開頭。一智曾在鏡橋村的山歌鳥學校教學，並連續數月住在草田村的工作處。村裡的孩子常稱他為 chú Trí trụ trì（小智住持），卻發音成 chú chí chù chì。你的師兄一智是社會服務工作者的榜樣，他把全部心力都放在服務的理想上。一天，他到了首都，一名美軍從車上向他的頭吐口水。可能那位美軍受到戰爭宣傳的影響，認為所有佛教僧人都是共產黨員。那天晚上，你的師兄哭了。我得把一智抱在懷中超過半個小時。在一次救助行動中，一智失蹤了。已經十五年了，我和大家等待師兄一智，

但他仍未回來。你喚他的名字吧。

真空法師每次來順化科學大學教學時，都會順道來祖庭探望師公，並請求住在寺裡。當然，沙彌們會拿橄欖和酸豆腐醬燜煮來招待她。每次真空法師來順化，師公都很歡喜。她會帶一包椰棗、一些麵筋、一瓶蜂蜜來供養師公，也會帶顯微鏡來讓年輕的沙彌埋首觀察。看到沙彌們笑得歡喜，師公也跟沙彌們坐在一起，埋首觀察鏡片。看到一條玉米鬚變得像繩子那麼大，師公也笑了，跟小沙彌沒有兩樣。老幼眼光一致，造就一番新景象。為何兩代相隔那麼多年歲，卻無絲毫隔閡？

什麼時候回到祖庭，你仍將看到師公戴著一頂斗笠，在半月湖的路上走上走下。每次我遠行回來，師公常定睛看著我許久，確認是我回來了，才顯露歡喜之情。師父的喜悅是那麼稚氣，那麼純潔，那麼天真。我非常感恩真空法師，在我到處奔波、不在寺裡的時候，照顧師公。

小水牛

有些日子的午後，逢春坐在半月湖邊拔草，聽到沙彌心滿從大雄寶殿傳來的誦經聲。心滿的聲音如銅鐘聲般嘹亮。

逢春坐在湖邊專注地聆聽，直到黑夜籠罩，仍不

肯到湖裡洗手。那是一幕異常美妙的場景。陽春山的月色非常明亮。

　　逢春不可能不成為詩人，但詩不只是月光。你和我都知道，造成詩歌的元素，是泥沼、污水，也是空中的暴火、河邊苦苦等待的窮困茅草屋，是救援團隊的船槳，也是突破險境、紫竹黃花和真如本體。那清晰、莊嚴如銅鐘般雄偉的誦經聲，仍永遠在我之中，我與它一起生活──我在它之中生活，它在我之中生活。沙彌心滿現已長大成人，我也長大成人。但回到祖庭，你仍可以在究竟實相中遇到兩位沙彌。昔日在祖庭，沒有人有小型錄音機，錄下沙彌心滿清晰美妙的誦經聲。但那聲音並非因此就消失了。那聲音仍在，沙彌心滿仍在，沙彌逢春也依然在，只因為你在。

　　你看到了嗎？你、心滿和逢春在山坡上健步如飛地互相追逐。周圍是四月的青草和綠松。遠處是樹林。山坡下是彎彎的小河。赤著腳，不穿涼鞋，不穿木屐，年輕人飛奔。而那邊有一頭水牛犢。看到三位少年在跑，小水牛也跟著跑。小水牛跟著我們跑向太陽……

　　三位少年的影子正印在斑斕的黃昏背景上……

III

大鳥拍翅聲

訊息

生活在我額頭留下足跡，
今早我又變成孩子。
透過花葉看到的微笑撫平了皺紋，
猶如雨水抹去沙灘上的腳印。
生死循環再度開始。

我走在荊棘上，
步履堅定，
猶如行於花叢中。
我昂首挺胸，
韻律在炸彈和迫擊炮的轟鳴聲中綻放。
昨日流下的淚已變成雨，
聽到它落於茅草屋頂的聲音，
我感到平靜。
童年，我的出生之地，在召喚我，
雨水融化了我的絕望。

我仍在這裡活著，靜靜地微笑，
苦難之樹結出甜美果實。
我帶著兄弟的屍體，

在黑暗中穿越稻田，
大地將緊緊地抱你入懷。
明天，你會像花兒一樣重生，
在清晨的田野靜靜地微笑，
此刻，你不再哭泣。
我們度過了深刻的一夜。

今早，
我跪在草地上。
注意到你的存在，
花兒帶著不可言喻的奇妙微笑，
默默地對我說話。

愛與理解的訊息，
真的來到我們身旁了。

一九六四年寫於西貢。一九六六年
由和解團契（Fellowship of Recon-
ciliation）製成聖誕卡片。

祈願夜

神聖的時刻，
風靜止，鳥兒停下。
地球七次震動，
當不滅橫跨生滅之流。
清淨芬芳的晚上，
轉法輪之手，
在吉祥印中開了一朵白花，
三千世界同聲讚揚釋迦佛。

神聖的時刻，
不滅之花在生滅的花園中盛開。
覺悟的花苞綻放，化為萬千詩詞，
您來到這裡，學習人類的話語。

這個晚上，
諸天從兜率天往下注視，
看到我的地球故鄉比星月還要光亮。
星宿自萬方傾身，
直到太陽亮起來，
直到藍毗尼園變成柔軟的搖籃，

迎接初生佛陀。

但是，這個晚上，
在我的地球故鄉，
人類雙眼熱淚盈眶朝向兜率天。
生靈倒下的哭叫聲無處不在，
在暴力仇恨之手下，
在黑夜。

我的地球故鄉疲憊地等待，
無邊綻放的美妙時刻，
讓黑夜與憂愁散去，
讓龍華會再度相遇，
讓法音以孩子的歌聲延續。

今夜，請十方星月證明，
我的地球故鄉獻上這祈願文。
祈求煙火中的越南，
凋零中的越南，
在血淚中翻騰沉溺的越南，
早點從世紀的傷痛中站起來，
變成柔軟的搖籃，
迎接慈氏彌勒，

讓花兒再一次開出初生佛陀。

今夜，祈願苦痛開花結果，
讓生滅橫跨不滅法身之流，
讓慈愛溪流溢滿誠摯的心，
讓人類學會真如的言詞，
讓孩子的話語成為鳥兒的歌聲。

在地球上，兩千五百三十年前，有一位佛陀誕生，就是釋迦摩尼佛。他的出現被形容為橫跨生滅流的不滅，造成地球上連續七次的震動。在破碎的家鄉，我祈願越南的苦痛得以開花結果，讓生滅得以橫跨不滅法身之流，以使此凋零的國家變成迎接新佛陀的搖籃，也就是彌勒慈氏。我鍾愛佛陀降世學習人類話語的意象，猶如人類懵懂學說真如的話語，亦如某個清晨小孩的說話聲宛如鳥鳴聲。

和解團契曾將這首詩的英譯本和畫家吳庭的一幅畫印在聖誕節卡片上。該畫作吳庭兄贈與和解團契，如今仍展覽於紐約。

叮嚀

答應我，
今天就答應我，
現在就答應我，
太陽當空之時，
請答應我。

即使他們用如山般的仇恨和暴戾攻擊你，
即使他們踐踏你，
像碾碎蟲兒一樣碾壓你；
即使他們肢解你，
對你開膛剖腹，
也請記住，兄弟，
請記住：人類不是我們的敵人。

唯一值得的是慈悲
——不可戰勝、無限、無條件的慈悲。
仇恨永遠無法讓你直面人類的獸性。

有一天，
當你獨自面對這隻野獸，

你的勇氣完整無損，

眼神良善，

不受干擾。

即使無人看到，

你的微笑會開出花兒。

那些愛你的人將穿越千萬次的生死流轉，

看到你。

再次獨行。

我低頭繼續，

知道愛已成永恆。

在這漫長崎嶇的道路上，

太陽和月亮會繼續閃耀。

一九六五年，我特別為青年社會服
務學院的年輕人寫下了這首詩，他
們在戰爭期間每天冒著生命危險，
我叮嚀他們不要帶著仇恨死去。有
些人已被暴力殺害，我告誡其他人
不要心存仇恨。我們的敵人是我
們的憤怒、仇恨、貪婪、狂熱和分
別。如果你因暴力而死，你要觀想
慈悲，原諒那些殺害你的人。當你
死去時實現了這種慈悲的狀態，那
麼你是覺者的真正孩子。即使你死
於壓迫、羞辱和暴力，如果能以寬
恕微笑，你就擁有了巨大的力量。

重讀這首詩的如下幾行，我突然
明白了《金剛經》中關於忍耐或寬
容的段落。

「你的勇氣完整無損，眼神良
善，不受干擾。即使無人看到，你
的微笑會開出花兒。那些愛你的
人將穿越千萬次的生死流轉，看到
你。」

如果你帶著慈悲之心死去，你便
是照亮我們道路的火炬。相即共修
團的最早成員之一，一枝梅自焚之
前，閱讀了這首詩並錄成磁帶留給
父母。

「再次獨行。我低頭繼續，知道
愛已成永恆。在這漫長崎嶇的道路
上，太陽和月亮會繼續閃耀。」

當人與人之間有成熟的關係時，
總會有慈悲和原諒。在生活中，我
們需要別人看見並認可我們，這樣
我們才會感到被支持。我們更需要
佛陀看到我們！在服務的道路上，
會有痛苦和孤獨的時刻，但當我們
知道佛陀看到並懂得我們時，我們
會感到一股巨大的能量和前行的堅
定決心。

韋斯頓修道院（Weston Priory）
的修士將這首詩譜成了優美的音
樂。

大鳥拍翅聲

足跡留於故道。
時間的香氣非紫色，
時間的顏色不如天色碧藍。

古木上的煤煙，
石頭上的苔蘚，
路上的塵土，
時間不流淌。
空間只凝聚，
鳥在頭上飛翔。

微妙的門閂在人手裡，
開或閉，
讓你退回出發點。
我獨自在開閉兩道旁，
上下兩路之間，
徬徨。

昔日的足跡響亮，
喚回，

覺醒。

「微妙的閂閂在人手裡，開或閉」
這兩句的靈感來自《道德經》第
四十七章：「不出戶，知天下；不
窺牖，見天道；其出彌遠，其知彌
少；是以聖人不行而知，不見而名，
不為而成。」
　這首詩與〈招手〉同時寫就。

證人仍在那裡

火焰彈照亮夜空，
孩子驚喜地拍手。
槍聲響起，
笑聲戛然而止，
證人仍在那裡。

火焰彈用來探測敵人。當你受恐懼
的支配時，任何人都可能被視為敵
人，即使是孩子。證人即你我。

請站在彼此身邊

贈清文法師

不知為何，

也不知是何動機，

令那些同胞，

向我的兄弟姊妹投擲手榴彈。

為何發生這樣的事情？

怎會如此？

為何殺死我的兄弟姊妹？

那些男生們，額頭仍帶著稚氣，

女生們，手上還沾著學生的墨水。

他們聆聽慈愛的呼喚，

幫助村民，愛護孩子，

照顧地瓜田和木薯園。

昨夜，手榴彈爆破。

十二名學生倒下。

一名少女的身體被炸碎。

有人在蜷曲，身體被插入六十塊碎鐵片。

有人已安息於大地，

等待祖國的黎明，

等待和平來到，化成蝴蝶。

我們咬緊牙關接受事實。

無論如何，手榴彈已爆破。

家鄉的天空破裂，傷痛已然造成。

但仍有一顆手榴彈昨夜未爆破，

卡在世間之心。

你聽到嗎？

還有一顆手榴彈昨夜仍未爆破。

那顆手榴彈，

在那裡，

卡在人心，

不知何時爆炸，

炸碎祖國之身，

炸碎民族之魂。

請你們明白，

我們不怨懟，也拒絕仇恨。

我們的世界和祖國，

今天需要遍布慈愛。

請來此,聽我們說。

時間急迫,

讓我們一起拆除那顆手榴彈,

將其移離世間,

移離國土之心,

移離人類的愛。

讓我們站在彼此身邊。

這首詩寫於一九六六年,在青年社
會服務學院遭到一群持手榴彈和槍
支的身分不明者襲擊之後。

溫暖

我將臉埋於雙手中，

不是為了哭泣。

雙手掩面，

是為了溫暖我的孤獨。

雙手呵護，

雙手滋養，

雙手阻擋靈魂的賭氣出走。

這首詩寫於我聽聞檳椥省（Ben
Tre）的爆炸事件及一位美國軍人
的評論：「為了拯救它，我們必
須摧毀這座城鎮。」貝琪・羅斯
（Betsy Rose）將此詩譜成一首歌，
名為〈在我雙手中〉（In My Two
Hands）。

建築真如

不要責罵鳥兒，
生命需要牠們的歌唱。
不要厭倦自己的身體，
它是人類精神神聖的殿堂。

你清澈的眼睛是閃耀的明珠，
含藏大千世界的影像。
你的耳朵擁有最高主權——
包含流水般的鳥群和早晚的潮漲，
貝多芬，巴哈，蕭邦，
孩子的哭聲，
還有那平靜的搖籃曲。
你的手掌是愛之花朵，
萬世無須任何人歌唱。
花兒仍美麗地綻放，
莊嚴了整個人類花園。
你的前額是所有清晨中最光亮的黎明。
不要破壞真如建築。

稻穗、草原和夜晚的芬芳都在呼籲和平。

百靈鳥在春天的枝頭懇切歌頌生命，
我知道今早子彈也許會射進她的心臟。
稻穗、草原、夜之芬芳和萬千星月，
以一切色彩、聲音、形象，
堅決和我們一起，
保護你。

皮肉與磚瓦

飛機真的飛走了。
陽光靜默，
午後，故地令人心疼。

火燒盡，
寺院彎曲的屋頂坍塌了，
斑駁的箔金佛像坐在那兒，
看著磚瓦微笑。

午後更是沉默，
風箏上的氣笛聲悠揚，在潛識裡。
雲朵在飄，
村裡呵護幼兒的寺院頂碎了。

學生的頭髮柔順，
受傷的已回到病舍，
已斷氣的明日將埋葬於村尾墓園。
我的國家靜默，
今天仍咬緊牙關忍著。
如何能結束痛苦仇恨？

不知五嫂怎麼處理那些裝滿彈藥的籃子，

子彈爆破，

幾十塊碎鐵片扎進一個人的身體。

皮肉啊，

磚瓦啊。

二十世紀喚回過去。

是否由窮鄉的瓜薯養大，

在日內瓦協議後出生的小孩，

亦有皮肉和思想，

在嫩綠的草原上嬉戲。

每當暮鐘聲響起，

是否做人的權利久已失去？

我仍清楚地記得這個情景。佛寺被
炸之後，大殿除了佛像還靜靜地坐
著、面帶微笑，什麼也沒留下。轟
炸期間，許多在寺院上課、讀書寫
字的孩子都被炸死或炸傷了。

孤獨的崗哨與敵人

高聳。
你們在塗脂抹粉的婦人鞋跟上，
建造高聳的崗哨。
從槍眼望下去，
是貧困的草屋。
從槍眼望下去，
是貧瘠的田園。
怨魂夜夜回來，
手牽手，
靜默地繞圈。

中午時分，
你們扔下
空的魚罐頭，
空的啤酒罐，
可口可樂瓶，
香菸灰。

每個下午，
你們將墨黑的槍口，

瞄準你們家鄉

那些貧困潦倒的生命。

每個黃昏，

你們向天發射照明彈，

一次次趕走孤單。

爬上草屋頂的螞蟻驚慌顫抖。

敵人從何時造成？

敵人此時在控制你們的世界，

敵人控制你內在，

敵人在控制，

敵人在每處，

敵人在心中，

如 TNT 炸藥，

等待時機爆炸。

你們在婦人的高跟鞋上建造崗哨。

人民的眼淚，

已成滾滾江河流進四海。

胭脂、金錢，

與垃圾一同漂回。

寫於一九六六年。

不屈服者的宣言

你們反對我們，
只因我們想平息仇恨，
你們卻謀算，
用仇恨作為力量。

你們詛咒我們，
只因我們拒絕接受
為人類加上標籤，
並將黑色槍口對準他們。

你們譴責我們，
因為你們無法使用這血與骨，
償還仇恨貪念之債；
因為我們堅決站在人這邊，
反對暴力，發願保護所有生命。

你們清算我們，
只因我們唯願向愛和正義低頭，
只因我們堅決不視人類為豺狼。

一九六〇年代寫於戰時。

平靜

孩提時，
陽光燦爛的十二歲，
你說什麼？

古時的江河，
舊城，
白雲喚藍天。

平靜。

放開

無人的海灘，
雨水洗刷人們的足印。
細沙上，
煩惱從何而來，
我的腳仍未落地。

靜聽春日陣陣微風，
苦惱隨之消逝。

寫於一九六六年。苦惱可以透過幾
次正念呼吸來轉化。苦惱就像一朵
雲，試圖落在我身上。當我吸氣和
呼氣，它就消失了。

表現

青春，
有如芬芳陽光，
照亮夏季的天空。
平靜的午後，
年月是陸地，
一直記載著
無盡青綠的季節。

你們好

消瘦的楊柳，
雪花的亮色，
初冬。
早安，鳥兒，
堅固的教堂頂，
隱密的藏身處。
你好，古老的樹根，
如果沒有你們在此，
秋風不一定已上路，
粉色的陽光，
也不一定如期歸來。

招手

今晨

我在這裡，

一杯熱氣騰騰的茶，

一塊青翠的草坪，

你許久以前的形象突然顯現。

你的手

或風在招手，

樹的新芽在閃光。

花葉和卵石──

萬物都在誦念法華經。

今早你上路了

為了將來
一方銀白的天空,
今早你上路了。
鳳凰展翅高飛,
衝上廣闊無垠的天空。
浪花拉住了橋墩,
陽光在呼喚一群幼鳥。
昔日的皈依處,
現在是送別你的地方,
回到那長江、汪洋。

一九六六年寫於巴黎。

無人之路

顫抖——
湖面的漣漪，
清晨的寒露。
你的足印，
早上，
貞潔完美如玉的綠草。

遠方沒有梧桐葉，
但季節的靈魂依然溫暖。
荒蕪消散了，
船載月光回到故岸。

這首詩寫於一九六六年。我將其作
為明信片寄給真空法師。她因印刷
並攜帶反戰文獻入獄的那天，收到
了這封信。

我在孤兒院遇見你

你憂愁的雙眼，
溢出遺憾。
你見到我，
將臉轉向別處。
你的雙手在塵土飛揚的地面，
畫著重重纏繞的圈。

不敢問你的雙親在何處，
不敢打開你傷痛的源頭。
只想和你一起坐片刻，
笑著說幾句隻言片語，
讓你減少些許悲傷。

祖國遭受著同樣的命運。
你應微笑，
給予彼此希望。
你們這一代，未及五歲，
卻已看到美夢碎裂。
人生被殘酷、仇恨和暴力推扯，
因何而苦痛？

是我這一代的脆弱所致。

我即將離開，
而你將留在孤兒院簡陋的院子，
雙眼充滿憂愁。
我離去。
你回到熟悉的院子角落，
手指在地上又將畫出傷痛的圈。

船民

兄弟們，你們今晚在熬夜。
我知道，
船民在公海上，
從不敢睡覺。
我聽到周圍風的呼嘯，
完全的黑暗。

昨日，
他們將自己嬰孩的屍體扔進水裡，
眼淚再一次溢滿苦海。
此刻，船漂向何方？

兄弟們，今晚你們在熬夜。
因為公海上的船民，
不確定人類是否存在，
他們的孤獨感如此巨大。

黑暗已與海洋融為一體。
而海洋，是一個巨大的沙漠。

兄弟們，你們徹夜不眠。

整個宇宙，

依附於你的清醒。

這首詩於一九七六年在新加坡的一
次會議上以英語寫就。

將來的太陽
（黑人士兵的陳述）

坐於潮濕戰壕，
整個下午，
我放下槍，
等待維克多・查理
——黃皮膚的越共。

長臂猿的哭聲，
令亞洲山林憂愁。
越南為何如此悲傷？
這裡恍似非洲山林。

我的槍開火了，
無論皮膚是黑是黃，
維克多・查理的雙眼在訴說什麼？
他的眼睛，亞洲的愁苦。
我曾聽詩人哀嘆非洲的憂悲，
皮膚黑白有何異？
我為何憎恨你，查理？

我們的錢已流向越南，

貧苦的人們卻仍深受歧視。

底特律、塞爾瑪、芝加哥、伯明罕、瓦茨，

都已走上鬥爭之路。

我的兄弟姊妹離開了苦難之地。

我們的立場是——

三百億美元，

用於一九六七年的戰爭。

三百萬美元，

耗費於戰爭中的每小時。

我的妻兒在芝加哥活於貧困中，

越戰卻每月耗用二十五億美元，

多於我的國家（偉大的美國）每年救濟貧苦的預算。

五十萬新移居的家庭：

教育預算，

兒童福利，

房屋，

衛生，

每年支付所有這些財政，

只需在越南停戰八小時！

我們是否知道，
亞洲山林為何陷入越戰的泥潭？

維克多·查理，
仇恨從何時散播？
這條路不是我們想走的路。
他們隱瞞真相，
他們對同胞隱瞞事實。

將來的太陽，隱藏在山林後。
大地在亞洲腳下震動，
也在非洲大陸震顫。

寫於一九六七年。

手印

請不要聽詩人的話，
今早他的咖啡杯裡有一滴淚。
也不要聽我的話，
今早我的咖啡杯裡有一滴血。

兄弟，請不要責備我，
我無法嚥下這液體，
早晨，我肺裡的空氣凝固了。

他說：「請讓我用你的眼睛來哭泣，
因為我不再有眼睛。」

他說：「請讓我用你的雙足來行走，
因為我不再有雙腳。」

我用手掌觸摸你的惡夢，
他說：「我已得到解放，
不再需要解放。
解放是留給你們的。」

我的手掌朝上，放在桌上。
宇宙在沉思，
大洋的啼哭仍未散去。
五座高聳的山峰，
仍保留原初的天地洪荒之勢。

高空的星宿，
夜晚的銀河，
萬世的祕密未曾洩漏。
我的手掌仍在桌上，
堅守齊天，不讓他起身。

不，我的手掌絕不在桌面上翻轉，
如傾斜的蛤蜊殼漂流到海灘，
如中彈而跌倒滾落的身形。
令江山崩塌，
令天上的星宿熄滅，
令大洋停止萬世的耳語。

我的手掌仍在桌上，
五座高聳的山峰，
依然氣勢軒昂地統治著，
萬世的祕密未被掀開。

滿月夜的星空仍在輕聲細語地聊著天，

我的手掌仍朝上放於桌上，

等待神聖的時刻到來，

推翻天地的平衡。

手掌──

山形的手掌。

我將此詩翻譯成英文，於一九六七年十一月十二日，在紐約市政廳、和解團契為越南和平而組織的詩歌晚會中朗讀。當時參與的有亞瑟‧米勒、羅伯特‧洛厄爾、丹尼爾‧貝里根，以及二十位美國詩人。「請不要聽詩人的話」是在說，詩人很痛苦，如果你聽他的話，你也會痛苦。「兄弟，請不要責備我。我無法嚥下這液體。早晨，我肺裡的空氣凝固了。」這意謂著你無法享受你的咖啡，因為裡面有血。死去的人告訴我他想借我的眼睛哭泣，因為他沒有眼睛。不能走路的老兵說：「請讓我用你的雙足來行走，因為我不再有雙腳。」一年後，在蒙特婁的國際會議上，我請求：「請將我們從你們的解放中解放出來。」這首詩中的手印是這樣的：我將手以山的形狀放置於桌上。我們必須非常堅定而專注，以保持穩定，否則我們將失去平衡。

立足之處

我的家鄉在此，
只有河流、檳榔樹、竹林和蕉園。
儘管地球表面滿是灰塵，
每當我抬頭看，
滿月夜的星辰依舊美麗。

兒時的家鄉

聽，

檳榔花。

夕陽，

掙扎著發出聲音。

空間凝固，

白鳥的翅膀，

迴盪於昔日岸邊。

傍晚，孤村起風，

絲造的衣裳隨之飄揚。

烏鵲橋，

江水，

草洲，

小牛犢追逐太陽。

號角聲催促，

煙霧，

晚飯時的紅色灶火，

矮矮的稻梗屋頂。

我去喚你回來，

但只見

四周

懸掛著虛無。

我想念家鄉。這首詩寫於巴黎，是
唯一我用打字機寫就的詩。

輪轉自在

隨水流而游，
躺在波浪上。
這裡依然有
高闊的天空、
寬廣的江河。
是浮還是沉？
泡沫和鳥翼。

花草依然芬芳

前世的影子不再顯現，
風輕輕吹過祥和的夜。
深夜的月光涼透了。
月鏡靜靜的，
那邊天亮了沒？
讓我在這邊沉睡，
頭枕於夜景。
花草依然芬芳。
早晨、中午、下午，
何時傾聽呼喚聲？
哪裡都看到新鮮的花苞。

消散

露珠
於葉尖低垂。
清晨的大地，
果實快成熟了。

水仙花路光亮起來，
霧氣忽然開始消散。
憐憫年幼時光，
迷茫之路。

深夜，蠟燭一滴滴流下。
這時，清冷荒蕪的沙漠，
一朵花開了。

遠處一個寒冷的星球，
從未有過木薯田和檳榔園的影像，
從未將自己獻給生命。

人類對永遠的渴求，
忽而消散了。

寫於一九六六年前後。

獅子吼

白雲飄，
薔薇盛開。
飄浮的是雲，
盛開的是薔薇。
薔薇朵朵盛開，
白雲簇簇飄浮。

無雲則無飄，
無花則無開。
雲是飄，
花是開。
假設和立言，
形象和概念，
打開了地圖。

點是尋找彼此的兩線交匯處，
線是移動的點。
我用矮建造了高，
我用高來建造矮。
我用左來設立右，

我用一來分開多。
我的手有五指，
長短不一的手指頭，
是樹枝嫩葉。
我的思維在生長，
如花開成苞。

我的身體是樹的色身、血肉、
骨頭、痰、細胞和神經。
圖像和獨影，
食物和排泄。
這是骨關節。
（明天仍在，
並非我所有，
並非你所有。
可憐的是──
造成無常的幻覺，
使你有時
為自己的身分默默哭泣。）

我的思想傳開，
十方感應之波，
你設法記下。

我說出的言語，

音波接連傳動，

你設法記下。

我投射的影像，

眼睛的微笑，

你設法記下。

你以為能記下。

順著時空，

找回遺跡，

如實的遺跡。

我重播那段影片。

你用手指，

觸摸投影幕上的斑駁。

憐憫，

憐憫什麼？

在大英博物館躺臥著的人，

傾傾憂思的額頭，

在耶穌前五千年，

在耶穌後五千年，

有何差別？

熱沙保存了他，

如同那錄音機。

熱沙能保存什麼？

（或許只是一張

美妙的苦痛訊息？）

我的皮肉柔軟溫暖，

鮮血靜靜地流淌，

有尚未乾涸的內分泌腺、

精液、唾沫、

燦爛的笑容，

有欲望、預想。

我曾擁抱生命——

如紅氣球在鄉村孩子的手裡。

因血液未乾，

精液未涸。

有已是美妙，

無亦是美妙。

有無一如，並無差別。

只有對自我的幻想，

造成苦痛的感覺。

今日我的肉柔軟。

神經觸動

溫柔的人生之床。
我聽到呻吟聲。
啊！絕美的顏色──
因為我有一雙眼睛。
啊！微妙的聲音──
因為我有耳朵。
絕美和微妙，
是於眼於耳。
絕美和微妙，
是於此末那。
有末那是微妙，
無末那亦是微妙。
末那，末那啊，
無微妙是無微妙。
末那，末那啊。

有是有末那。
無是無末那。
微妙是無或有，
末那識是有或無。
末那，末那啊；
無末那啊，無末那，
皆是末那。

有無皆是謠言，
末那啊，讓我笑！

母親過世時，
我踱步哭。
那粉色的晨光，
半夜卻颳起風來。
多少眼淚，
靜靜流淌。
眼淚的腺體，
留給了冬天。
母親笑，
母親不笑。
無母親還是有母親？
我慢慢地走，
地陷入真空。

昨日陽光溫和。
母親種了幾行花，
母親死於半夜。
花發芽，花兒笑。
唯別笑。
「啊哈，這個人好奇怪。」

笑或不笑——
時間盡了。
盡或不盡，
現在也盡了。
你說話如狂人。

你的眼睛是四大，
散發慈愛之光。
是或不是？
爬上樹做啥？
爬了又怕跌下來。
提問題做啥？
令無明騷動，
令生活被阻撓。

你的眼睛是四大，
卻溢滿怨恨。
我的雙手在此，
望解怨水能洗刷。

那槍是無罪的，
那手無罪。
花朵，銅子彈，

滋養花開。

荊棘上的刺，

吃嫩莖的碧綠色蟲兒。

玻璃般的淚滴，

混濁的泥水，

我該說什麼？

笑是愚夫，

哭也是愚夫。

既笑又哭者，

仍是愚夫。

無笑亦無哭，

也是愚夫。

笑哭哭笑，

為世間多開些花。

世間的面孔中，

花本是花。

思想之花，

緊抱時空，

掙脫了二邊，

物質和速度，

物質和流轉。

啊，覺悟之笑，

啊，怪誕之笑，

啊，迷惑之笑，

啊，慈悲之笑！

一九六六年，我在歐洲巡迴演講，為越南和平發聲。在倫敦的一個下午，我參觀了大英博物館。我看到一具來自公元前三〇〇〇年的屍體化石，印象深刻。這具屍體朝左側躺著，膝蓋折疊著靠在胸前。整個身體完好無損，包括頭髮、指甲，因為熱沙將其保存下來。我和一個九歲的英國女孩在一起，她看到這具保存下來的屍體後，感到震驚。她拉著我的袖子，問道：「這會發生在我身上嗎？」我說：「不會，不會發生在妳身上。」我撒了一個謊。釋迦牟尼為太子時的僕役，負責為他駕車的闡陀沒有對太子撒謊。

幾週後，在巴黎，我在一個夜晚醒來，感受自己的身體，看看是否已變成化石。當時是凌晨兩點，我坐了起來。坐了一小時後，我感覺就像山上的水在下雨一樣，洗淨，洗滌。我很喜歡以這種姿勢再坐一個小時。最後，我起身，一筆一畫地寫下了這首詩。這種感受和畫面流淌得如此劇烈，就像一個大容器被打翻，水湧出一樣。

拆除我

如果我是一顆炸彈，

隨時準備爆炸；

如果我對你的生命造成危險，

那麼請照顧好我。

你認為你可以離開我

——如何離開？

我在此，就在你之中。

（你無法將我從你的生命中移走。）

我也許隨時爆炸。

我需要你的關懷，

需要你的時間，

需要你來拆除我。

請對我負責，

因為你已發願，

——我聽到了。

請愛我，照顧我。

我知道，

為了照料我，

你需要耐心和冷靜。

我意識到，

你身上也有一顆炸彈需要拆除，

我們為何不互相幫助？

我需要你聆聽我，

因為無人聽我說話，

也無人理解我的痛苦，

包括那些說愛我的人。

內心的痛苦正使我窒息，

它是 TNT 三硝基甲苯所造的炸彈。

無人願意聆聽我。

我需要你，

而你似乎在遠離我。

你想為安全而逃跑，

那並不存在的安全。

我沒有製造自己的炸彈。

是你，

是社會、家庭、學校和傳統。

請不要責備我。

來幫忙吧，

否則我會爆炸。

這不是威脅，

只是一個請求。

我也會幫助你的

——當輪到你的時候。

願望

（端居波上絕塵埃）

一將輪迴成三，

成四，

成五。

我們將不斷回來。

我們將不斷回來。

今夜的雨滴答滴答。

請坐在波浪上遊玩，

在潛意識的茫茫大海中——

山巒重重疊疊，進出江海；

海鷗與陽光玩耍；

雪的顏色潔白光亮。

孩子，

請不要停止歌唱。

「端居波上絕塵埃」是讚美觀世音菩薩詩偈中的一句。這句的意思是，安穩莊嚴地站在波浪之上，完全未沾一粒世間的塵埃。慈悲心猶如火把，一支火把可以變成千萬支火把。菩薩就在世間，活在人類之中。

有時，人們會成雙（如果結婚）或成三（如果生育）。通常我們認為，輪迴意謂著一個人作為一個人延續，但一個人可以變成數人，猶如一粒玉米重生後會變成一穗玉米粒。非凡之處在於，我第一次見到你時還是獨自一人，現在你歸來，已成三或五。最重要的是，快樂和自由永遠在那裡。我不介意你們成群結隊地歸來，但請一定帶著自由和幸福快樂。

午後的河流，地球的靈魂

河邊的樹，

河邊的街道，

藍天，

綠葉，

高屋頂的修院。

塔的靈魂沉睡在平靜中，

星期天的下午，

從遠處看，依稀可見。

我聽到地球孤獨的靈魂，

當千星會正如火如荼地進行時。

這是我一九六七年在巴黎寫的，寫
於一個星期天下午沿著塞納河散步
之後。

大丈夫

兩扇松門關起。
一支閃亮的箭離開了弓弦，
急速向上，太陽爆炸。

院子滿是落下的橙花 ——
彷彿
無窮的影子。

一九六七年寫於巴黎。

願將江山歸還人類同胞

昨夜，四個弟弟死了。
一名為希，
一名為俊，
一名為詩，
一名為善。
同胞、國家、兄弟姊妹們，
我希望你們知道。

四位青年男兒，
兩年前聽到我說的話，
走進國家之心，
前往遭受破壞的貧困村落，
傳播愛心，建立和平。

弟弟們的骨是我的骨，
弟弟們的肉是我的肉，
我的骨破了，
我的肉碎了。

午夜時分，弟弟們被帶到河邊。

赤腳而行，頭未戴帽，被迫跪下，
被訊問是否是青年社會服務學員。
弟弟們回答，是。
然後被開槍射殺，
倒在河邊。
我也被開槍射殺，
倒在河邊。

在同胞面前，
在兄弟姊妹面前，
讓我將弟弟們的血歸還祖國，
讓我將弟弟們的骨歸還江山。
那純貞的骨血，
未曾染污貉鴻血統。

還有弟弟們的手，我願歸還人類。
弟弟們的心臟，我願歸還人類。
那些手從未做過殘暴傷害之事，
那些心臟自幼未存仇恨之血。
還有弟弟們的皮，我願歸還同胞，
弟弟們從未接受皮鍋煮肉之事。

請用弟弟們的皮膚碎片，

縫補苦痛民族身上的裂縫，

和滴血的傷口。

我在巴黎時，我收到我協助創辦的青年社會服務學院的四名學生被射殺的消息，我哭了。一位名叫溫德米勒先生的朋友說：「老師，你不應該哭。你是一位將軍，領導著一支非暴力士兵的軍隊，遭受傷亡是很自然的事。」我說：「不，我不是一位將軍。我只是一個普通人。是我召喚他們來服務的，現在他們失去了生命，我需要哭泣。」

譯註：貉鴻（貉龍君和鴻龐氏），越南民族傳說中的祖先。成語「皮鍋煮肉」（nồi da xáo thịt），出自越南歷史上「皮鍋煮肉，弟心何忍」的典故。一七八七年，阮岳與弟弟阮惠之間內鬨相攻，阮岳見勢力不敵，命人拾炮彈哭於太廟之中，親自登上城樓對阮惠說：「皮鍋煮肉，弟心何忍。」（越南平定省獵人的習俗是，捕獲獵物之後，將其皮剝下當作鍋，以烹煮獵物的肉。此處是骨肉相殘之意。）阮惠最終受到觸動，撤兵而去。此後阮岳與阮惠達成和約，以板津為界，廣義以南歸阮岳，昇華（今廣南省升平縣）、奠磐（今廣南省奠磐縣）以北歸阮惠，雙方各自為政。

滴滴空無

藉由滴滴空無，
心清涼。
忽然間，
船已過江
到岸。
軟綿綿的沙，
寂靜無人的海灘，
古老的願。

生死空花

夜聽雨水的洗滌聲，
靈魂醒來。
世間的天空被淹沒，
海浪叫囂幻象。

在晃動的時刻，
今天的紋路，
稍縱即逝，似有還無，
帶你到何處？

有，
無，
美妙在剎那
——雨滴微笑，傾倒憂愁。

這首詩是一九六五年在西貢寫的。當時正下著大雨。有那麼多的死亡和殺戮，那麼多的破壞。然而在某一刻，我可以聽到雨滴中的笑聲。

譯註：「隨順世緣無罣礙，涅槃生死等空花。」是五代時期的秀才張拙因石霜慶諸禪師點示後，開悟所作的偈語。

入流

每位僧人都有草蓆鋪就的禪坐處。
僧人應於此安坐。

地球攜我們所有人上路。
坐處，有如火車的二等座。
到達目的地，就得下車，
座位將被打掃，讓位於他人。

每位僧人，能在草蓆上的蒲團坐多久？
雖如此，也應安坐，
卻非永不需讓座，
也無要下車的站台。
火車，
心中充滿火的車，
將載僧人至何處？

每位僧人在自己的蒲團上結跏趺坐，
模仿雄偉聳立的山。
山，亦隨僧人旋轉。
我們的火車在行駛，

今早，僧人如常坐於草蓆上，

微笑——

我不會永坐於此，

火車抵達時，我將不在其中，

我將在別處。

一個草蓆鋪就的禪坐處，

或一捆新鮮的草。

我坐下，

再一次。

南傳佛教有四個果位，或稱聖果、道果。第一果是入流，意即初入聖人之流。第二果是一來，意即修到此果位者，死後生到天上做一世天人，再生到我們的世界一次，便不再來欲界受生死。

在佛教寺院中，僧尼每月會誦讀溈山大師的《警策文》兩次，提醒僧尼精進修習，因為生命短暫，我們無法掌控時間。而每晚誦經時，我們唱誦：「是日已過，命亦隨減，如少水魚，斯有何樂，當勤精進，如救頭燃。」

一個蒲團或一捆新鮮的草，這一句讓我們憶起牧童縛悉底為悉達多太子獻上姑屍草編造坐墊的故事。佛陀試過許多苦行的方法，但未成功。苦行並非出路，它也是一種極端，猶如其他極端。佛陀決定不再禁食，他喝了一些羊奶加米煮的乳糜，重新感到清新。他知道自己只需做最後的努力就能突破。他以吉祥草做蒲團，準備入定，堅定地告訴自己：「我再坐一次。不成就無上正等正覺，不起此座。」然後，他開悟了。

建造童年的雕像

今早站在世間的窗台旁，
看到你倒下，
然後起身微笑。
我為你祈願，
別讓身體沾上羞愧的灰塵，
別讓心帶著孤單、笨拙和軟弱的疤痕。

每次倒下都是一次站立。
為了成長，
生命為你讓步向前。
射進你身體的那些箭頭，
讓它們落下，
如同美麗的秋葉從枝頭凋落，
孩子們精彩的遊戲。

你看到午後的風吹過嗎？
清澈的湖水泛起漣漪，
之後湖水依然平靜，
靜照山月影。
你長大了，

我請求人世給我增些年月，

剛好足夠建造，

勇敢童年的雕像。

穩健的翅膀

紊亂的翅膀，
午後的狂風，
吹散秋天的雲，
鳥兒的影子辭別。
春天溫暖的陽光餘影，
人久跪在平靜的教堂，
忽然聽到季節的靈魂。
黃昏響亮的呼喚聲，
漫天冰雪覆蓋。
上路越過綿延的田原，
穩健的翅膀滿載信心。

法體恆有

寂靜的河岸，
陽光的河岸。
人行道上的陽光，
畫上的陽光，
書頁上的陽光，
書頁和文字互相微笑，
河流靜靜地流淌。
我心與書心，
我心與河流，
陽光依然在書頁上留下花影。
時間，
滿溢，
無邊無際。

無去來辭

少小離家老大回，

鄉音無改鬢毛衰，

兒童相見不相識，

笑問老從何處來。

老從何處來？

我來自你所來之處，

但你不知道我們已相識。

今早，我摸了摸雪白的鬍子。

樹芽上的嫩葉，

一個清晨，

色彩充滿活力。

察覺自己不曾認識年前的種子，

察覺自己不識舊的根。

故村鄉音未改，

二十年，

如今已成為你的村。

在那不知所措的雙眼前，

我只是陌生的客人，

一位拄著拐杖的老者。

秋日早晨，

進或退，

去還是回，

我們之中，誰不是過來人？

老從何處來？

你未看見，

——又如何看到昔日的歌謠？

如果我現在歌唱，

你也無法認出我。

這是我的村，

我說時你笑。

當你說我是新來的人，

我也隨之大笑。

竹叢，

水塘，

村亭，

仍在那裡——變或未變，

唯有村民鄉音未變。

一株新竹筍，

一間紅瓦屋頂，

一條小徑，

一個孩子，
我回來做什麼？

一縷舊香，
旅客，
無啟行處，
亦無到達處。
往來三界者，
是誰？
昔世輪迴，
地瓜、木薯、
草原、稻梗遍布，
我回到家鄉。
到處看見，
孩子、
紅瓦屋頂、
小徑。

過去未來相互守望，
那邊這邊是一，
歸途延續去路。

雖然這是我第一次到訪，但明顯感覺到自己曾經到過那裡。這首詩的靈感來自中國唐代詩人賀知章的〈回鄉偶書〉：「少小離家老大回，鄉音無改鬢毛衰；兒童相見不相識，笑問客從何處來。」這首詩寫的是無來無去。《歸途延續去路》是我創作的一部劇作的名字，目的是向為了越南的和平與和解而自焚身亡的一支梅，以及在執行任務時遇難的四名青年社會服務學院成員致敬。

佛陀的其中一個名號是「如來」。《金剛經》說：「無所從來，亦無所去，故名如來。」三界，是指欲界、色界和無色界。當一個人從三界中解脫時，就可以稱為「解脫者」。人們通常認為，生與死、過去與未來是對立的，不存在於同一個現實中。但事實並非如此。「那邊這邊是一」，我想到的是被我們所謂的死亡隔開的兩岸。人死後，與心愛的人就像隔著一條無法跨越的河。但真的是這樣嗎？兩岸是隔著一條河，但你總可以乘船。「過去未來相互守望」，當他們相互視時，他們的眼睛相互映照。

在我的傳統中，人們說如果你尊重老人，就會長壽。如果不尊重老人，就會英年早逝。在越南家庭裡，我們通常看到三代住在一起，有時是四代。老人照顧孫子。祖父母給孫子講童話故事。他們需要彼此。老人又變成了孩子。他們很自然地在一起玩耍。年輕夫婦更多考慮的是未來。有時，他們會把年邁的父母當成年幼的孩子，像愛孩子一樣愛他們。

所有這些元素都有助於理解這首詩。

別哭

夏日中午，
低沉的飛機聲，
貼近屋頂，
威嚇孩子。
坐在你身旁，
我的胸口似要爆裂。
你靜默，抱著頭。
今日午後我將出走，
尋找年前的仙女，
拯救我們的家鄉。
請勇敢，
未來仍在那兒。
午夜前，我將回來。

流轉

午間風靜止，
四棵柏樹成排。
時間之水洗滌過的牆壁，
斑駁疲憊。
磚石的靈魂，
沉積迷茫。

藍天啊，平靜的藍天。
今天我來試探磚石的年歲，
它們堆在一起，
年年月月堅忍，
等待，多麼憐惜。

我的皮肉在沙漠路上順道速訪，
留下掌心的溫度，
心臟顫動的呼吸節奏上下起伏。
古時的影子已遠去，
你們仍在此等待。

嘿，是否昔日的某個週期，

我們曾來訪，

因而今日停下迷茫，

惘然尋找前世的足跡？

掌心的空間，

交還五蘊時，

明天還將有哪些原子群聚？

當天空平靜展現碧藍的微笑，

誰於夏日正午死在石灰磚石造的牆壁旁？

磚石啊，

誰路過？

誰還留著？

我想載你一起走在速度中，

但我突然聽到，

有人曾尋找去來。

請為我指出何處是天際，

好讓我和人們一起看到，

自哪個久遠劫來，

我們一起在速度中流轉？

讓我喚回遠古的楊桃和相思樹，

與今天的柏樹一起，

於此留步。

奇妙的旅程，

平靜的藍天千萬世在此，

但平靜的藍天今日剛出生。

我獨自在法國蔚藍海岸，正寫著關於越南神話的書《大地的香味》。我去了海灘，坐在那裡，沒有思考，也未做任何事。

整整一天，直到晚上十點，我讓我的五蘊被海浪的聲音和景象沖刷。然後我去了普羅旺斯，在那裡發現自己在一堵非常古老的牆邊。四棵柏樹站成一排。我看到我的屍體躺在老牆邊。

這首詩是關於一次旅行。我們所有人都在旅行，但以不同的速度前進著。你也許不時在你第一次看到的東西中認出一些熟悉的東西。你知道你是第一次看到那個人或事，但有一個明顯印象，你以前見過。我的解釋是，你們在繞著同一顆恆星運行時已經見過面，但由於你們走得太快，你超越了其他的人事物。現在你們又見面了。磚石也許以較慢的速度前進。當我爬上德國的海德堡城堡時，我有一種印象，這不是我第一次來此。這讓我感動，寫下了〈無去來辭〉這首詩。洞見就像藍天：它一直在那裡，但看起來恍如剛剛誕生。

IV

讓白鴿顯現

人類的傷口

風起，
寒氣冷颼颼。
斜陽落下，
覆山丘。

一滴滴像液體，
緩緩滲進薄衣裳的是什麼？
血！天啊！
人類的傷口打開了。

塵世間被摧殘的身體，
寒風刺骨，
心痛如斷腸。
淚水滿了，
是誰造成那麼多苦澀？
宇宙乞求，
直至說不出話來。
毒蟲進去，
花葉枯黃，
枯萎了一整個下午。

人類心中深深的傷口，

去尋湯藥多少回？

痛極了，

血脈漸漸乾枯。

人啊，請不要再加深這傷口了。

我低首歸還你

我的雙手，
我願歸還你，
懇求你不要將其碾碎。

我回來了，
有如一個溫順的投降之人，
即使充滿苦難，
也不怨嘆。

你在星星下出生了。
你剛出生，
萬世做個純真之人。

這是我的雙手，
是心，
是腦，
是生命，
是所有的遺留。
它們沒有承載奇蹟的法術，
不只一次在慈愛的旋律上滴血。

我的雙手，
我願歸還你。
母親教導，
慈愛的人從不算計。

草木枯黃的墳墓，
亦如當季的玫瑰，
萬世之愛仍是清澈的露珠。

我的雙手，
我低首歸還你。

看，昔日的傷痕仍未痊癒。
你的靈魂，
停靠在細小的十指，
如閃耀的露珠停靠在微微顫動的草尖。

這是我的雙手，
再次重生，
仍帶著昔日傷痕。

這是我的笑容，
只因從不埋怨指責，

往昔童心依在。

這舊日的雙手，
包裹的傷口仍未痊癒，
我將其歸還你，
懇求不要將其碾碎，
祈願十方星宿明證。

祈願黑暗變得更深

船已開了，
大海粉色的天空。
我獨自留下，
數著印在白沙上的腳印。
人們帶著憂慮來到，
一起祈禱「願大海平靜，天空寧靜」。
風啊，請載著他們的祈禱到遠方，
催促重洋翻起浪花。

悲傷啊，
請來跟我們一起看。
駕船的人，
今早凝視天空和雲彩，
坦然地對海浪微笑，
並未祈求大海和天空的平靜，
只求給予我們堅強的心，
以面對一切困苦厄難。

悲傷呀，
靠近我們一點，

放下你驕矜的笑。

有你，我們是一切。

沒有你，我們只是我們。

祈願黑暗變得更深，

千顆閃亮的星辰！

願旭日初升時，

晨光閃爍，

從山坡流溢，

如閃耀的銀白水晶瀑布。

晝夜敵對，

晝夜相生，

自千萬年前，光與暗交疊。

天真的孩子，

你是剛墮下來的天使嗎？

不要那樣看著我，

用你布滿紋路的前額。

你在此仍是個陌生人。

請微笑，黎明散發芬芳。

請微笑，山月平靜安詳，

如曾幾何時，我們天真地微笑。

請不用聆聽我們的話語，
然後心生疑問與困惑。

明天如果你有聽到，
請聆聽我們的話如溪泉的歡唱，
請聆聽我們的話如鳥兒的鳴叫，
如注視翠柳花紅，
如注視碧竹黃花，
如注視白雲明月。

今早美妙的歌聲，
已從千萬世生命中的苦痛脫離出來。
千朵清雅芳香的蓮花，
已從荷塘的泥濘和靜水中綻放。
我們仍站著等待你。

寫於一九五六年。

新村

今早我的一盒火柴用完了，
爐火仍然濕冷如秋末。
未完成的作品仍在那裡。
我到鄰家借火，
（記得小時候我倆常跑去借？）
你問我，如果鄰居沒有火那怎樣？
──我倆將一起歌唱。
記得你的叮嚀「如花朵盛開啊」！
我們持著火把一起走回新村。

等待的時候，你也在歌唱。
無論如何，村裡總會有人家仍有火。
我請大家舉手說實話：
是否我們所有人都如此相信，
就如今天我們相信存在的微妙？

我知道有些貧困家庭，稻穀晝夜在爐火裡悶燒。
我將記得不要攪動好的爐火。
一把稻梗放進去，
等待灰藍色的煙升起。

你看：只需我的心靈一個輕輕的呼吸，
就足以把火喚回。

兄回來了，旅人今天心感溫暖，
下午凝視著灰藍的煙懷抱茅草屋頂。
一起回新村吧！所有人仍在等待，
還在照顧舊爐火中那一點點火。

船槳順著河水，
船毫不猶豫回來，
看見黑夜來臨卻無法阻礙我們。
你的船仍在平靜的星夜中繼續前行，
因為知道今天的愛仍足夠溫暖明天。

我的爐火暖了，請你回來和我們一起。
二千年建橋的工夫連結了遠方。
作品的墨仍未乾，
清清喉嚨，你將為大家朗讀。
我們在聽，在爐火興高采烈的劈啪聲旁。

寫此詩時，青年社會服務學院仍未正式成立，但已經有許多年輕人到草田村和運河橋村服務。我藉此詩，鼓勵年輕社會服務工作者要保有信心。此詩的越文原作於一九六四年四月三十日刊登於《海潮音》雜誌。

燃燒吾弟之火

火燃燒我心，世間傷痛。
瘦小的學僧倒下了。

青春燒成紅火，
熊熊烈焰燒至高空，
照亮陰暗山河。

噢，你的骨和肉！
請讓我在珍愛的灰燼旁跪上千年，
淬煉神聖法術，
將你重又變回玫瑰。

初夏的蓮苞尚未來得及採摘，
無法盛開以面見燦爛的韶光。

我聽到了，
風雨滂沱冷酷。
我聽到了，
體內每一個細胞在微微顫抖。

我聽到了，
你響亮的呼喚聲。

沒有人是無心的。
不管地獄還是天堂，
皆望向你。

世間的心臟停止跳動。
天地對視：天高還是低？
你的名字以星月寫下。

火燃燒吾弟的皮肉，
弟弟，你痛嗎？
我的眼淚不足以用來澆灌，
使微小而神聖的靈魂涼卻一些。

我還在這裡，
即使傷勢沉重，
依舊懷抱大願傳給下一代。
我還在這裡，
我們許諾絕不背叛你。
你聽到了嗎？
絕不背叛，

因為你的心已化為我的心。

寫於一九六三年一名年輕僧人因反
抗吳廷琰政權而被燒死之後。當
時,我在紐約哥倫比亞大學研究院
教學。我發起一場支持越南佛教徒
抗爭的運動,並向聯合國提交有關
佛教徒受到迫害的文件。最終,聯
合國派遣了實況調查團前往越南。

漁夫和魚

你是漁夫，
在大洋上撒網捕魚，
皮膚散發著海洋的芬芳，
手臂在太陽下伸展。

我是魚，
有著閃亮的鰭鱗，
與成千上萬的魚一起，
在你的網中奮力掙扎。
我痛苦地躺在你的船艙。
你抓住了我，
因為你需要活下去。

你也是那女子，
拿著購物籃，
在市場上四處張望。
我已經死了，
但我的眼睛還未閉上。
我的肉還新鮮，
我的鰓依然通紅。

你把我帶回家，

將我切成塊，

放入你的鍋裡。

熱湯等待著，

今天的冬日晚餐。

你和孩子們，

在庇護的屋簷下，

心滿意足。

我變成了什麼？

沒有人問這個問題，

當色空是同一現實，

有人能認出我的身分嗎？

經歷了億次生命，

就像一條在河裡游泳的魚，

或在大洋中游泳的人。

我已遊遍所有地方。

我的家是空間，是一座宮殿。

我的世界充滿珊瑚和海藻，

有藍色、紫色和多種顏色，

有時看起來像綠寶石。

在數以百萬計的其他魚群中，

來來回回，

自在地，

愉快暢遊。

但在所有這些生命中，

我也一直努力修行。

因此，每當

我被困於你的網中，

我能平靜地死去，

沒有報復，

沒有絕望。

因為我知道，

生由死構成，

有由無構成。

萬物相互依存，

你和我，

在彼此之中。

蝴蝶飛過黃色油菜花田

十年故園綠油油，
二十年陽光照草堂。
母親喚我歸家，
在井邊洗腳，
在火爐上溫暖雙手，
於夜幕降臨時等待飯食。

我依然是孩子，
無論十年、二十年、三十年。
昨日，我看見一群群蝴蝶盡興飛舞，
在黃色油菜花田。

母親和你還在那兒，
午後的風如呼吸，
何以夢想遙遠未來？
風攜著歌聲，
離去時你叮囑：
「若歸來時看見崩塌的天空，
請在你的靈魂深處尋找我。」

我歸來了，
有人在歌唱。
我的手搭在門板上
——今日我在，如何為你效勞？
風輕聲細語：
你應該歌唱存在的美妙。
請化為花朵，
請化為微笑。
石灰和磚瓦如何能建造幸福？

我明瞭。
請停止成為彼此的痛苦之源。

我在尋找你。
於狂亂的暴風夜，
於黑暗森林，
樹枝在摸索，
等待剎那的閃電照耀，
覺知彼此的存在，
尋找你我。

請化作籬笆旁靜靜佇立的花朵，
請化為微笑，

化為美妙存在。
我站在此處，
我們無須啟程。
家鄉美妙如幼時故鄉，
我們依舊在歌唱。

今早，頭仍枕在經書上。
我聽到黎明陽光裡，
嘈雜的黃色蜜蜂隊伍，
正開始認真地建造宇宙。
萬世的工程，
你看，萬世以來已完成。
輪子不停地微妙轉動，
領我們前進。
請握著我的手，
你將覺察到我們自萬世已一同存有。

母親的頭髮依然墨黑，長及腳踝。
妹妹的上衣依然晾曬在籬笆前，隨風飄逸。
秋天早晨的光線，
我在這裡，昔日的園子。
番石榴熟透，香氣撲鼻，
乾紅的欖仁樹葉，

美麗，

凋落，

風吹落葉跑。

黃色油菜花田，

昨日清晨我剛看見，

這不是夢。

今日非常美好，真的

你不回來玩過去的捉迷藏嗎？

今日，明天，我們仍在此。

口渴時，我們一起喝井邊清甜的水。

誰跟你說，上帝已答應，

讓痛苦的人起身與祂合作？

我們千萬世來就曾緊握彼此的手，

因未覺知自己是花葉而苦悶憂悲。

請歌唱，

籬笆上的菊花正對你微笑。

不要讓我們將雙手蘸入石灰細沙，

天上的星宿從不為自己建造牢房。

讓我們歌唱，

讓我們變作花。

我們在生命中，

眼睛明證，

手掌也是花。

別讓雙手變成繩索，

成為鋸齒狀的接頭

和鐵鉤。

存在無須召喚憐愛，

也無須誰憐憫誰。

請記載這兒所有人的另一個新約，

且依舊聆聽我的話，

如聽溪聲，如賞明月。

你歸來，攜母親讓我探望。

讓我為你唱首動聽的歌，

讓你的頭髮黑長如母親的髮。

這首詩寫於一九六三年的紐約，在我回到越南之前。琰政府倒台後，我的師兄弟們請我離開哥倫比亞大學，幫助重建這個國家。當我回到越南時，將此詩發展得更充分——關於重建這個國家，關於「行無行行」（無行動即是行動）。如果我們懂得如何存在，我們無須做太多。如果我們不再快樂，停止歌唱，我們便陷入牢籠。天上的星宿從不建造牢房。

回歸純真孩童

樹葉上的露珠，
黎明到來，
看見你微笑，
晨光清澈如碧玉的靈魂。

青年時的夢想燦爛盛開，
純真碧綠的眼睛，
無罪的靈魂，
千萬笑聲布滿人間。

人類的愁苦如煙雲，
片刻間，漸消於晨光中。
愁恨苦痛千萬世，
名利浮雲彷彿午後陽光。

我看到天堂的門在打開，
呵護孩兒的靈魂愛心。
回來吧，旅人！

路途遙遠，

你已沾上許多塵沙惆悵，
坦然睡在大道中心，
讓孩童得到呵護。

昔日綠園

煙火從十方升起，
狂風恍惚，
傷痛溢滿江山。

為你哭泣，
為你傷感。
我還在此，
身心忐忑如熱鍋上的螞蟻。

母親傷痛，染紅午後的天空，
心如沙漠，眼乾枯，哭不出淚水。
今晚你歸向何處？
我身旁的槍在開火，
心中之火使母親肝腸寸斷。
飽經風霜的銀髮，多少次隱忍，
多少個夜晚點燈，祈求風輕雨停？

我知道今天午後你將向我開槍，
留下母親懷抱千年隱隱作痛的傷痕。
從何方吹來的殘惡狂風，

令家門支離破碎。

出走吧，枯焦的田園。
回頭看，肝腸寸斷。
這是我的身軀，開槍吧！
母親傳給我的血脈在此，
你儘管切斷，
用來建造你所夢想的樓台。

你以誰之名？
噢，回來聆聽母親的搖籃曲！
母親，香甜慈愛的芹菜湯。
母親，躺在濕潮的半蓆，
讓孩兒爬滾於乾燥的另一邊。
每口飯，
每一個乾枯的乳房，
多少日，
多少月，
多少年，
呵護照拂，讓孩兒長大成人。

今早，一顆子彈使你倒下；
一顆子彈嵌在你的心臟，身軀翻滾。

母親怎麼活下去，孩子啊？
姊姊怎麼活下去，弟弟妹妹啊？
在舊村午夜的油燈旁，
傷悲何時能開始減退？

你以誰之名？
噢，回來在母親面前跪下懺悔！
請別將昔日綠園變成惡火的柴燒，
他方的殘暴狂風。

這是我的身軀，開槍吧！
母親傳給我的血脈在此，
你儘管切斷，
用來建造你所夢想的樓台。

母親是慈愛，
而非一種主義。
慈愛，貧窮草屋下有兄弟姊妹；
而主義，是血火的長城。
母親不選邊站，
別自認為你在母親那邊，
母親不選邊站。

我看見母親祈求悲憫的樣子，

母親正合掌懇求我們兄弟。

今天中午，我埋首於歷史青竹。

兄弟啊，我們的慈愛，好像快死了！

姊妹啊，我們的慈愛，好像快死了！

如此，溫柔慈愛的母親也將死去。

我們建造的血火工程，又將屬於誰？

六支船槳

船從迷岸啟航，
風將帆捲至遠方，
六支船槳攪動銀白色的水。
雲水叫喚黃昏，
雨水滴在平滑的船頂上，
如諸天的嘆息聲。

水面上浪開成花，
黃昏的顏色，
紫，懸掛著落霞。
六支船槳以生命的節奏，
將船帶離迷岸，
越過千重塵浪，
直向原初本體。

這裡，親愛的土地，
瀰漫千朵奇花，
在午後盛開。
稻穗的香氣使稻梗醉，
粉色彩雲混合著簫聲。

船到岸了，
水的律動停止。
回頭看啟航時的故岸，
在哪裡？
那極之遙遠的地方，
浩瀚，什麼也看不見！

已遠遠離開迷岸，
塵世的風浪也已平息。
遠方沉浸於漫天煙霞，
解脫彼岸現於千萬處。

戰爭

請聽我說：
昨天只因六位越共來到，
他們空炸了我的村莊，
整個村莊完全毀滅！
村民死去，房屋凋零，
竹叢枯萎狼籍，寺廟倒塌。

我回到此地，雲水眼淚連連。
十方星月，人類兄弟姊妹在此。
讓我高聲控訴這場戰爭的骯髒，
兄弟互相廝殺，野蠻殘酷，
是誰將我們推進致命的泥沼？

請為我們作證，
請聽我說，
我不認同這場戰爭，
從未亦永不認同。
我要重複說一千次，
在我被殺死之前。

兄弟姊妹，

請聽我說，如聽杜鵑鳥。

血從殘破的鳥喙滴下，

哀嚎聲悲切。

請你們所有人，

掉轉槍柄，射進黑暗的仇恨和貪念。

請用你們的雙手呵護生命。

我們的仇人，

是狂信、殘暴、貪婪、誹謗。

我們的仇人不是人，

儘管他們被稱為越共。

把人殺了，我們與誰一起生活？

請趕走他們，

那些從十方湧來的士兵，

散播無明和仇恨，哀愁無比。

兄弟互相殘殺，

這是何等的侮辱。

這場廝殺毫無意義，

你聽到嗎？

這首詩寫於一九六四年，刊登在佛教週刊《海潮音》，發行量為五萬份。我被稱為「反戰詩人」，被斥為親共宣傳者。以下這首由范維（Phạm Duy）創作的〈我們的敵人〉（Kẻ Thù Ta）是根據這首詩的其中幾句寫的。

> 我們的仇敵穿著主義色彩的衣裳。
> 我們的仇敵帶著自由的標籤。
> 我們的仇敵有著奇特的外表。
> 帶著言詞的籬笆，帶著分化我們的毒苗。
> 我們的仇人並非人。
> 把人殺了，我們將與誰一起生活？

肝腸寸斷

我來此，與你們一同哭泣。
家鄉的傷痛，悲慘的情景。
請握住我的手。

我想對兄弟姊妹們說：
不管如何，我們必須勇敢起來，
照顧孩子，照料明天。

洪水退去已一個月，你收到兩次救助，
每次未滿一杯米。三天才有一頓飯。
今天傍晚來探望，
得知你的晚餐只有檳榔花和腐爛的玉米。
憐愛你，也憐憫無數無辜的黑髮孩子，
和一群面色憔悴的黃皮膚小孩。

你拉肚子已超過一週，沒有任何藥物。
洪水捲走了你的父母、兄弟，
稚嫩的頭上，未戴喪巾。
焦黃的斜陽在凌亂荒蕪的田埂上
──那是圍著我靈魂的喪巾。

請來此，見證我深愛的人們，

在甲辰年洪水的情境。

雙臂懷抱存活下來的蒼白寶寶。

請看，年輕父親得知妻子和四個孩子罹難後，

已整整三天三夜沉默地坐看虛無，

偶爾哈哈苦笑。

遠方的你聽到那笑聲嗎？

請來此看白鬚老者，

在荒蕪的田地度過孤絕的日子後，

跪下接收一位茫然孩童手上的救助飯糰。

老人慈愛地跪下。

那位孩子哭道：

「爺爺，我也只是您孫子的年紀而已。」

不管如何，慈愛的訊息已成功轉達。

我有資格將信念投射在明日的人類。

她的丈夫和孩兒死了。

桑田凌亂蕭條。

這塊窮困的土地，該如何重燃爐火？

天賜，然後天收回。

我怕她今天耗盡堅韌，張口怒罵自己的現狀。

聽到她說：

「那些全家罹難的家庭，
雖然痛苦，但只是片刻，
我為他們慶幸。」

我哭了。
但今天有我，有你。
請把現有一同挑在雙肩。
互相依靠，盡量壓住哭聲；
路還很長，
為了將來世代，請低首前行。

農民抬頭聽我問候。
然後不遲疑也不膽怯，
苦澀地回答：
「我討厭雙方，
我不跟隨國家派，我不跟隨解放派，
我只跟隨給予我生命的人。」
存亡的戰役！無窮的屈辱！

在秋盆河上游，站在江河中，
我割破手指讓血滴下，與水流混合。
我的血得以與江流和合。
請安息，所有含冤而亡的人！

還有存活的人在此，還有江流在此
——聽到自萬重山回響的嬰孩聲。
我已回到山峰，低首傾聽江河說故事。
我們仍在此，在恆轉的世間，
並願意一起並肩重建家園。

有些持地菩薩，雙手仍染學校的墨水。
鏟子和鋤頭在手，挖地建橋。
頭低下，邊哭邊埋葬腐臭的屍體。

有些觀世音菩薩，
天真無邪的額頭，
棕衣，赤腳，斗笠遮頭。
靜靜地在傷痛石地上，
邁著稚嫩的步伐，
走入剛建的草棚，
無視國家派、越共派帶來的危險，
找到掙扎求活的人，
他們正仰頭等待。

我看見你們的手掌雖然細小，
但如昔日兜羅綿的天絲一樣細軟，
放出天絲來擁抱嬰孩。

孩子隨即停下哭泣。

困苦母親的雙目有如兩顆碧玉般明亮起來，

當她看到穿越萬重江河帶給孩子的奶粉罐。

我坐於此，在緊閉的天堂門前低頭期望。

昔日院裡的檳榔花仍散發淡淡的芬芳，

你們今日午後為何那麼安靜。

請放聲說話，在這傷痛的土地放聲說話。

萬方青鳥飛回相聚，使這江山永保錦繡。

你說吧，在美妙的言說之後，萬物將蓬勃生長。

這首詩寫於我在一九六四年一次救援行動後。我們分乘幾艘船沿秋盆河而上，為廣南省德育地區的洪水和戰爭受害者送救濟物品。前往那裡非常危險。我們沿途被交戰雙方阻止。

當我們被民族主義者攔截和搜查時，我問他們：「如果我們被另一方攔截，他們給我們宣傳品，那怎麼辦？我當然不能拒絕。」「當然，你可以接受，但當你到了河邊，就把它扔掉。」我問道：「要是我沒有時間在被你這樣的人抓到之前扔掉，那會怎樣？」他們沒有回答。完成工作後，我們團隊一起在那裡待了幾天。槍聲就在我們頭上盤旋。我的一個學生跳進水裡，他是如此緊張。痛苦是巨大的。我咬破手指，滴了一滴血進河裡，說：「我為所有在戰爭和洪水中喪生的人祈禱。」

我們離開那天，許多站在岸邊的年輕婦女試圖將她們的嬰兒交給我們，但我們知道我們無力照顧他們。我們感到非常無助，都哭了。

向日葵

你來到，以天真無邪的眼睛，
看微妙法身顯現的碧藍。

即使世界粉碎，
花的笑容卻從未消失。
昨日我們得到了什麼？
今早我們又將失去什麼？

你來到，
跟隨我的手指，
望向以幻想裝點的世間。

向日葵升起，
其他萬朵花歸仰。

向日葵指般若波羅蜜，即無上的智
慧。

一支箭射落兩面幻象之旗

「猶如河流蜿蜒入海。
明天，你將啟程。
請記得高唱新季之曲，
歌聲的餘音將撫慰指引我前行的路。」

我將不會離開，
即使出走，也永遠不會抵達。
啟行之處有雲月風水，
等待我之地，也將有紫竹黃菊。

是葉、是花，
你自無始便有我。
你眼中的藍天將恆存，
但你看不到，
多次談及離去之事。

今早，星月入眠後，
宇宙假裝落下清澈如玻璃的眼淚。
哭泣吧，柔順的夜霜。
淚水使你的靈魂更美，

也將荒蕪變成光亮的故園。
清涼滲透地心，呵護稚嫩蓓蕾。
昔日，當我看到你流淚，
我也流淚，以尋得撫慰。

自然啊，綠髮的母親，綠色天地。
微笑滿載蝶鳥花葉而回，
是葉、是花，
你自無始便有我。
在你脆弱的認知中，
事實上，我未曾表現過生與死。

你是否記得，母親帶我歸來的首日？
藉由五蘊聚合，你才見得我顯現的模樣。
明天，當這顯現消失，
請微笑，並坦然將我尋回。
透過已生已滅的聲色來尋我，
瞭知我依然真實，
未曾離開，未曾到達。

經由時間、認知和主客存在，
尋找我，也藉此尋找你自己。
原初的發現，將為你指出你的不滅，

你也將看到，

沒有離開，沒有消失。

只需要一支箭，

一支箭射落了兩面幻象之旗。

真如將美妙地示現於生死處。

此刻，我正安然微笑。

這微笑永存於無盡的春天的歌。

你也將在這微笑中，

覺知自己的永恆，

因為你未曾存在於生滅的幻象中。

今日的微笑，明日將依然看見。

在幻象的盡頭，

無一物曾離開，消失。

無一物將離開，消逝。

今天，溪鳥奉勸你：

「請依舊做一朵歡唱的花兒。」

這首詩是關於你和佛法上的兄弟姊妹，關乎生死。你的兄弟這般愛你，因而害怕失去你。想到你作為慈悲的社工，也許將在戰爭和社會不公義的處境中逝去，他懇請你為他留下點什麼，以便在這條道路上繼續走下去。師兄回答：「我未曾生，未曾滅。如果你能看到我無生無滅的本性，你也將看到自己無生無滅的本性。」一支箭，可以射落兩種幻象——他不再存在，你不再存在。這首詩在戰爭期間被南北雙方禁止。他們認為這是在呼籲既非共產主義、也非資本主義的中立越南。

認知的懷抱

（此有故彼有，此無故彼無）

鐘聲迴盪於整個不眠夜，

赤腳倚窗，

等待院裡的花葉現形。

陽光尚未來到，

但在夜之心，

我知道你仍在。

在夜之心，還是在包羅萬象的認知之心？

自何時，你依然是所緣緣？

黎明即將來到，

你將看見，

你、粉色天際，

以及碧藍天色。

茫茫，悠悠，

一切都在我眼中顯現。

清澈水流上，你傾身問：

碧藍，為誰碧藍？

粉紅，為誰粉紅？

現有歌唱微妙的唯一歌詞。
我忽然對著深夜微笑，
天真純潔。
我知道，
因為我仍在此，
所以你依舊在彼。

現有，你今夜回來，
綻放著玄妙的笑容，
張開雙臂。
我游走了。
平安，在清澈溪流中沉默。
水流聲在耳邊細語，柔和。
我仰望藍天，頭枕於浪上。
而那，對了，藍天白雲，
蕭蕭樹林裡的秋葉，
田野稻草的香氣芬芳，
深夜指路的星，帶領我歸家。
我知道，
你依然在那，
因我仍在此。

認知的懷抱，

無量的由旬，
接連生滅能所。
而我已覺知，
在夜之心，還是在包羅萬象的認知之心？
對於你，亦如對於園裡的花葉，
我已自何時，依然是親所緣緣。

妙有歌唱美妙的真空之詞，
深夜仍完好。
你的音聲形影回歸現實，
因為今夜，
雙臂倚靠窗台，
赤腳落在涼爽的地面，
我依然在此，為你而在。

這首詩於一九六四年寫於嘉定省舊邑郡的竹林寺。回到越南後，我成立了高等佛學院，出版了《海潮音》週刊，並為創辦青年社會服務學院做準備。我經常回到那座寺院，享受那裡平靜而美好的氛圍，因為高等佛學院位於城市中心。

一天早上，我在小屋很早就醒了，大約凌晨三點。當我把雙腳放在泥土地面上時，涼爽的感覺使我異常清醒。我一直保持這個姿勢大約五十分鐘，聽著清晨的第一聲鐘聲，同時看著外面的黑暗。雖然我無法辨別特定物體，但我知道那裡有梅樹和竹叢。在黑暗的夜裡，我知道你在那裡，因為我在這裡。認知的主體是，因此認知的對象是。

這首詩是關於唯識的洞見。這是一首難懂的詩，適合在唯識的課程中解釋。你在我身邊，我也在你身邊。這就是相即的教導。當時還未使用 Interbeing（相即）這個詞。雖然我們聽到「相即」這個詞時，想到的是《華嚴經》，但相即的教導也有其唯識的根源，因為在唯識中，認知總是包括主體和對象。認知總是對某物的認知。

譯註：越文原詩中的一些佛教詞彙，譯者希望沿用，讓讀者得見原詩的面貌。以下對詩中一些詞彙略做解釋。

所緣緣：又作緣緣。所緣緣之上緣字是攀緣之義，心識為能緣，境界為所緣，即指心及心作用之對象（認識作用之對象）。

親所緣緣：「疏所緣緣」之對稱。唯識宗將四緣中之所緣緣分為親、疏二種。與能緣之體不相離，而為見分（能認識客觀之主體）等內之

所慮託，稱為親所緣緣。

生滅能所：生、滅是宇宙萬法的現象。人世間的種種現象不外乎「法」，經中有萬法因緣和合所生之說。法是所有人事、事物間所顯現的一種關係。

能、所──能執的心，所執的境（對象），能夠執著的心和所執著的外境對象。所執著的外境有很多，比如色、香、聲、味、觸法等。例如能見物之「眼」，稱為能見；為眼所見之「物」，稱為所見。

小星星

連續十日陰天，
烏雲滿布。
我在窗邊看你，
四方烏黑，我看不見，
你去了哪裡？
我的靈魂不知所措，
像鳥兒迷失於雲霧籠罩的海島。

暴風雨幾夜來襲，
都市冷清，
濕透了夜路上行人的影子。

我把頭枕在書上，
模仿從前的書生，
從心識深處喚起你的身影。
風雨仍在肆虐，
今夜埋頭書案。
沒想到風捲走了所有雲，
天晴朗，雨停了。
忽而聽到呼喚聲，

驚訝地看到你就在窗邊。

你回來了！
親愛的小星星！
歷經多少風雨，
你迷失於何方？
自何時，
你在多少遙遠陌生的田地上哭泣？
你回來了，
眼睛依然不知所措地透過窗戶看著我。
那些風雨天你去了哪裡？
小小的身體還在顫抖，
是因為無邊的風嗎？

靜躺在水晶杯裡，
眼含淚水，
你憶述：
「今日天庭開千星會。
天晴朗，雨停了。
我回到天庭頂禮，
跪在玉殿祈求祖國清平。
讓災難厄禍，刀兵水火，
狂惡暴權停手，

在家鄉貧困的土地上。」

你的呼喚響遍千星，
一滴滴懸掛半空中，
欲落又止。
請允許我感謝萬千星斗，
信念不滅的顆顆金剛，
廣闊心識田上盛開的亮麗花朵。
小星星回來了，
我的雙眼含著淚水。
我呼喚自己的名字，
感受心田的溫暖。

唯是一心

昔日城牆，

誰曾許諾將其建得堅固？

今早故人忽然看到，

自己漂泊在大洋的風浪上。

苦痛為人建造了最後的居住處，

你將在裡面躲過漫長而殘酷的黑夜。

昔日我許下的諾言，

請複述給我聽。

讓我明天繼續為你而存在，為你作證。

那些扎進我身體的箭頭仍在，

完整地，未曾交還。

請準備好你的綠色園子以栽種果實，

而我也將成為一隻鳥兒，

如同其他鳥兒，一生只願找到樹美水甜之地。

請你成為轉輪聖王。

你內心的筆尖將簽署命令，

將苦痛流放到現有圈子之外，

並喚回散落十方的花和蝴蝶，

讓青春年華的嫩蕾洋溢著生命力。

當你的眼睛微笑，

整個宇宙也在笑。

這首詩寫於一九六〇年，在嘉定的
竹林寺。我的小屋是泥土地面。我
為年輕僧尼寫下這首詩，給予愛和
支持，我知道他們在戰爭中遭受了
很多痛苦。

感應

寂靜中，栴檀香煙緩緩上升，

沉香薰習禪門之意。

閃耀的玉燭，

閃亮的繁星，

清淨灑掃塵世的哀怨。

春天輕輕來到，

地心旋轉，

萬方響起輕清的天樂。

心於剎那間生起感應，

滾滾浪花隨即沉靜，

天地歡慶，太陽升起。

一群孩童紅褲綠衣，

喧譁地跟在慈母腳邊，

採摘春枝的人堵塞在路上。

譯註：越南過年的傳統習俗是採摘
嫩枝（lộc，諧音「祿」）帶回家。

觀想

今夜月圓，
請呼喚萬千星斗一起祈願。
定力使得天旋地轉，
集中於自心的明點。

一切眾生在此作證，痛苦已滿溢。
十方聆聽午夜鐘聲，請合十做慈悲觀，
讓心中甜蜜的愛成為甘露，
消除世間憂悲苦惱。

從巍峨的心靈高峰，
甘露一脈脈湧出，
滲透至綠地、甘蔗地、桑葉田。

眼鏡蛇喝下草葉尖上的夜露，
舌尖上的毒素突然消散。
魔鬼的毒箭射來，化成花兒。

甘露王如來！
甘露王如來！

妙法顯現：

你傾首，

以孩童般的幼嫩雙臂，

充滿慈愛地將眼鏡蛇擁入懷中。

舊園葉子嫩綠。

白雪上陽光燦爛。

曹溪依然流向東方。

瓶中淨水即自心淨水：

讓塵世間的槍彈今夜落下，化為塵土。

一朵花開了，兩朵花開了，

萬千紫黃花兒，

妝點綠茸茸的草原。

以孩子唇間的笑容，

打開天堂。

這是一首關於慈悲觀的詩，歌頌慈
悲甘露從自心湧出，消除戰爭的仇
苦，令塵世間的槍彈落下，化為
塵土。慈悲心就像從山頂流下的甘
露，令每個人受益。眼鏡蛇只喝了
一滴，就感覺自己的毒素消散。孩
子抱著眼鏡蛇，不會受到傷害。魔
王射出的箭變成了花朵。

沉香想念

七年，
遙遠的沉香，
母親的樣子生動如初。
那個明媚而清涼的秋日早晨，
您決定撒手歸土，
積滿雙肩的苦痛輕輕卸下，
我不哭。

陌生的人世，
熱淚盈眶於您的離開。
風吹衣袍，
金色的陽光，高聳的山丘，碧藍的天，
您的新家，
最後留下的人們也已離開。

我說起人間之事，
心碎又平靜，
母親雙肩擔負了過度的沉重。

七年，

您不時回到我身邊，恍如活著。

今日，我落下悲憫的淚，

願分擔您的愁苦。

萬有落在我肩，

憶起那個秋日早晨，

和那遙遠的沉香。

風蕭瑟地吹，

高高的山丘陽光普照。

今日我歸來，

請留下來陪伴我，親愛的母親。

明天我不知將漂泊何方，

但我知道母親仍在。

千年的慈愛，

讓我埋首思念，

喚回那甜美的母愛之鄉。

母親去世七年後，我寫了此詩。母
親去世後四年，我做了一個夢，夢
裡看見母親有著烏黑的長髮，年
輕，生動，快樂，美麗。半夜醒來，
我走到灑滿月光的花園，發現母親
並未死去。當時我在越南中部高地
的保祿寺。

我們的世界

陽光在瓦片上歡天喜地，
與今早畫作上的陽光相呼應。
我用色彩製造陽光，
傳遞暖意。
鳥兒是使者，
今早以歌聲宣布，
我們的世界，
又開始了新的創造週期。

人類穿上新衣的季節

我來到這幽靜森林，
寂靜地坐著，全心投入景物。
天空清靜，斜陽正落下，
森林莊嚴地靜靜佇立。
天然景色，在這安寧一刻被侵占，
我心觸動，綿延沉思人生。

這憂悲苦惱的人間，
誰出手離散一群小牛犢？
天哪！
人生滄桑，浸滿鮮血，
生靈的聲音呼喚十方卻未能滲透。

我坐定聆聽一切不安。
無明暴力的猖狂之聲，
凝聚在神聖的靈魂下，
隱密默默地憔悴。

空間忽而轉變沉思之意，
我安坐於山，平靜如寺院，

恆久安住於呼吸的深度。
大地母親依然在此關愛護佑，
承諾治療萬千愁憂之路。
能量自心源上湧，
帶來宇宙深處的轉化，
萬千星宿窸窣。

我忽然聽到地心開出鮮花，
樹身汁液猛然催促新芽萌發。
瀑布的水流愈加湍急，
天然的季節已到，穿上新衣裳。

我聽到陽光在廣闊田地上的歡呼。
鄉村土地嫩綠，花開鳥鳴，
果實纍纍，那般充沛，宇宙的春季。

靈感浮現千萬處的人，
正起身在風波中奮鬥。
燦爛的信任孵化仁愛之源，
填平分化和愁苦的坑。
智慧之花正愉快綻放，
愛之樹穿上嫩綠的衣裳，
自由薰陶人生花瓣。

我聽到空中喧譁的呼喚聲，

聽到樹葉中熱鬧的宇宙。

整個人類穿上相親相愛的新衣。

在這裡，閃爍的月露，

花葉之聲，喚醒生命的脈搏。

和平

今早醒來，
聽到你在戰場上倒下。
園子的薔薇叢，
無意間多開了一朵花。
我仍然活著，
呼吸玫瑰的芬芳，
吃飯，祈禱，休息。
然而，何時才能直說我日思夜想的話？

這首詩於一九六四年寫於越南。著
名音樂家范維將這首詩譜成曲子
時，用了標題〈我的夢想〉（Tôi
Ước Mơ）。

紀念阿爾弗雷德－哈斯勒

你看到蓮花在火海中綻放的那一刻，
你成為我們的夥伴。
火炬照亮了良知委員會，
透過《紐約時報》向成千上萬的朋友傳達了訊息，
日以繼夜，盡力阻止殺戮。

你坐在釋智光長老門外，
成為了釋阿爾弗雷德－哈斯勒長老。
你送上友好的微笑，傳送著信任。

門頓會議，
美麗的法國蔚藍海岸，
羅亞蒙修道院的禪營，
帶來大同國際環保會議。
覺知的鐘聲開始響起，
五千位科學家為大地女神蓋亞發聲。

一個身體，
忽然間，萬千身體，

打開通向未來之道，
開始擁有更多的克洛彭堡，
更多德格拉夫，
旗幟上孩子如花的臉龐。
誰說今天德格拉夫不在，
克洛彭堡不在，
哈斯勒不在？
你們仍是我們堅實的夥伴。
行進的步伐與以往一樣歡快有力，
我們的友誼亦如是。

這身體不是你。
你是無有邊界的生命，
你從未生，亦未曾死。
我們一直喜悅地同行，
並將永遠如此。
此刻，我們看到你，
我們的手握住你的手，
我的身體與所有物種的身體一體。
阿爾弗雷德！我們看到你的真身，
看到你在微笑，
你那美妙的微笑，
讓我們一起賞格蘭德的玉蘭。

這首詩寫於一九九一年六月,在紐
約尼亞克和解團契舉行的阿爾弗雷
德－哈斯勒追悼會,獻給他與他的
家人。

四月長歌

四月回來了，
莊嚴的樹林中，
慈愛像綠色山林裡的清澈溪流。
母親美妙的雙手，
在春天溫暖慈愛的光芒中，
為我們的誕生做好準備。

我生於初四。
從各方歸來的奇鳥歡唱，
一頭麋鹿徬徨地望著藍天，
望著清澈的溪流，
和枝上的嫩芽。
我歸來時，適逢新季湧現，
宇宙煥然一新，樹林更換新衣。
小鹿在流水邊照鏡子，
聽奇妙風聲低吟淺唱。

生命之泉湧現。
每朵微妙蓓蕾，蘊含歡唱聲。
森林是我的家鄉，樹木筆直高挺。

每當春日陽光灑在樹冠上，
樹林散發芬芳的香氣。
白雲遮蓋了碧藍天空，
樹林，嫩綠的草地，
清涼水流滲透了地心。

當天地剛生出了我，
第一天，鳥兒歡唱，
天地獻上芬芳之香，
我長大。

第二天，溪流歡唱，
純真的小鹿到來，
在溪邊嫩綠的草地上傾頭聆聽。
樹汁湧向枝頭，
催促未開的花蕾，
趕在第三天綻放，
溫暖的陽光在綠油油的枝葉上歡唱。

第四天剛到，
櫻桃花開啟了節日的序幕，
你聽到新季湧現的歡唱聲中，有何新奇嗎？

第五天，黎明來得突然。
樹林在清晨萬花凝聚的醺醺香氣中甦醒，
而你也突然歸來，出現在樹林中。
小心翼翼地踏足在碧綠的草毯上，
小麋鹿睜開眼睛猶疑地看著你。

神聖玄妙的時刻，你化成一朵小花，
緊貼慈愛的地球母親之心。
陽光升起，
一滴玲瓏的露水，
停留在細小的星星花瓣上。
但樹林不知曉，
現有的你正歡唱著不滅之歌。

你熟悉的歌聲，
彷彿從萬世已存在於寂靜莊嚴的樹林中。
小鹿遲疑地睜大眼睛環視四周，
未多增一物，無一事新奇。
沒想到你剛在樹林中迷路了，
因為你的歌聲正與碧綠色的春天美妙合唱。

那朵花，彷彿曾與地球母親一起出現過。
一隻小鳥傾頭看著你，

嗚發一串清澈如玉的聲音。

鳥、花、樹、溪，

不停地歌唱，

整個樹林合奏，

沒有停下來問你自何時出現。

樹林中細小的花兒，

是無始無終存在的一部分。

你並非出生而只是表現，

樹林已換上新衣。

第十天，誰家的兩個孩子，

牽手在嫩綠草地上蹦跳奔跑，

笑聲清澈如早晨的黃鶯歌聲。

他們橫穿草原，然後在林口停下，

陽光歡喜歌唱：

「四月回歸樹林了。」

小小孩輕聲向大小孩耳語，

如同發現了最為重要之事。

他們緊牽彼此的手一同傾聽，

對了，春天的不滅之歌。

兩個小孩互相凝視，

「四月回歸樹林了。」

這次大小孩向小小孩輕聲耳語。

暖陽普照草木，
小麋鹿忽然出現於樹林口曬著太陽，
腳底帶著林中紫黃色花的香氣。
新來的一群蝴蝶在溪邊樹叢飛舞，
飛向小麋鹿。
暖陽仍在歡唱，
水流依然流入碧綠草原的甜美之心。
但小麋鹿和兩個小孩，
都在森林中迷了路。

跟隨美妙的歌聲尋找，
驚魂的爆炸聲忽然密集響起。
一群鐵鳥咻咻飛來，
毀滅之火噴灑在草原和溪流，
撕雲割風。
樹林停止了歌唱，
花兒蜷縮起來不再獻香，
清澈溪流不再映照天上的雲彩，
鳥兒靜默如夜晚，靜臥於自己的巢裡。

最終鐵鳥群飛走了，
綠林回歸平安清淨。
樹林微笑，

季節之歌湧現，宛如未曾中斷。

枝葉互傳喜訊，

溫順的細語聲。

小鹿和兩個孩子已找到紫色的小花。

（花兒依然不斷歡唱。）

小小孩擁抱小麋鹿的頭，

大小孩撫摸小麋鹿的身，

一起歌唱美妙存在的萬世之曲。

外面的暖陽仍在歡唱，

四月在樹林裡依舊完好無損。

溪流溫順地滲透地心，

萬千紫黃色花朵自何時盛開，

零星妝點著嫩綠草原。

春天無意

春天靜靜地來到，
冬天靜靜地離去。
午後山色印關塞，
塵世間混亂動盪的深紫色花。
輕輕的純血色傷口，
愁如紛歧的影像。

春天無意，
帶著濃郁的香氣，
擋住我的去路
——我迷路了，
痛極了。
靈魂溢滿寒意，
迷茫如琴弦。
風中傾聽春天到來，
萬千悲憫之聲溢滿人間。
晨霧漸起，
彈奏心事，
沾濕了雙眼的睫毛。
天啊，水岸冷漠，

離去後，又歸來。

幾條鄉路過山河，

靜默在對我說著什麼？

聽到春意萬方湧動，

正譜寫我心恨離別之曲。

這首詩寫於一九五一年——我愛上
一位女尼的十二小時後。故事發生
於年三十晚上，位於美麗高地上橋
地村的圓覺寺。她二十歲。我們倆
意識到我們希望繼續為僧為尼，因
而決定分開。這並不容易。我很幸
運，當時身邊有理解和關愛我的僧
團，使之成為可能。四十一年後，
我在梅村主題為「大乘傳統禪觀」
的二十一天禪營中，以英語分享了
這個愛的故事。

所依

所依何處？

法塵形成於色聲香味觸。

想像中的草稿所擦掉的筆畫，

擦還是不擦？

何處尋得依止的歸土？

應無所住。

陽光

春季後夏季，

夏季後秋季，

秋季後冬季。

我是這粉色陽光，

在雲天中歌唱。

浸泡在碧綠香蕉葉上的晨露花香，

在浩瀚的香氣中薰陶，

在綠茸稻田，

在飛舞的鳥翼。

我回到這裡：黎明。

我是這粉色陽光，

為世間帶來「榮光」，

將重重無明之網趕到萬里之外。

陽光擦乾世間的淚水，

陽光溫暖宇宙的靈魂。

淚乾了，唇帶微笑，

陽光照亮旅人之路。

陽光，

農田和湖中的水氣蒸發，

錘鍊人的心靈，

堅韌如石鐵，

一心一意與天地合唱。

農夫的皮膚黝黑，

額頭流著汗水，

一滴接一滴，

滴在新地上，

滴在人心裡，

滴在宇宙深處，

昔日錦繡的塵世間。

小蟲窩

今早，我來探望，
雪靜靜輕輕地落在你的屋頂。

宇宙，以光滑亮絲織成。
你仍寧靜地睡著，一動不動，
如小蟲蜷曲在自己的小窩裡。
宇宙，以光滑的亮絲織成，
今早的小小宇宙，
就只是溫暖的蟲窩。

白雪依然紛飛，
小蟲依然沉睡，
而我，在作詩。
風啊，安靜吧。
（你說我若不作詩，還能做什麼？）
安靜吧，別搖動溫暖的蟲窩。

讓我再次變小，
才能進去探索你美妙的夢境。
這是我帶著的稜鏡，

放進你靈魂的光點，

讓它閃耀，七彩繽紛。

是誰照亮了你的世界？

我把周圍玉石色的慈愛簾子放下。

多麼可愛啊，你臉頰上的梨渦。

今早，十二位接生婦教你笑。

昔日母親所教的歌謠，

我為你重唱：

「小鹿安穩地躺著，

在騎士呵護的懷抱裡，

多麼旖旎，

野狼忽然感到孤苦伶仃。」

你將一直吸舔大拇指，

一邊傾耳聆聽。

歌曲很長，因為我會不斷重複副歌。

我拿起電話筒放在一旁。

星期日早上，就如今天，

無人有權動搖溫暖的小蟲窩。

你睡醒時，我將寫完這首詩，

（當小蟲靜靜地動身，）

歌聲將覆滿整個早晨，

為紛飛的白雪伴奏。

九點半了，白雪依然溫柔寧靜，
為你編織一個嫩白的絲之宇宙。
我會保持微笑，
直到你睡醒。

當你甦醒時，
我雙眼溫暖的毫光，
將如春日溫泉般，
滿溢地流淌。

譯註：十二位接生婦，即十二接生
婆（Mười hai Bà mụ，十二婆媒或
十二婆姐），是越南神話和民間宗
教中的神靈。她們是十二位仙女，
教導嬰兒吸吮和微笑等各種技能。

書情

午後，風雨冷。
辭別，我遠行。
書情千萬劫仍濃厚如初。

雪覆蓋新天地，
睡夢中見家鄉——
吊床搖動昔日的一行行字，
彷彿午後遠方的香氣。

小小的朋友們忠堅誠實。
何其想念新紙的味道，
夜燈下的你我。

題禪悅室

雲輕枕山峰，
聽風中茶香。
禪悅心不動。
樹林獻花香。

清晨醒來，
薄霧覆屋頂。
純真笑送別，
鳥兒同歌唱。
生命歸萬道，
觀山夢海河。

昔日爐火焰，
黃昏暖斜陽。
世間無常無我，
人佛口蛇心。
信念仍保有，
心歡喜遠行。
世事如大夢，
忘日月如梭。

生死流消散，
唯剩你和我。

禪悅室是清慈法師在芳貝的土地上
建的草室。一九六一年九月，我在
遠行前將這首詩留在禪悅室，送給
清慈法師。

V

玉燭

法華經之寶玉

珠寶遍滿世間，
我今早贈予你，
滿掌亮麗金剛，
晝夜不停閃耀。

每秒皆是寶玉，
蘊含地水雲天，
只需輕輕呼吸，
萬千奇蹟顯現。

鳥鳴松歌花開，
藍天白雲在此，
慈愛眼神耀亮，
笑容充滿覺知。

世間最富有者，
古今他方求食，
請莫再演窮子，
回來接管家財。

贈獻彼此幸福，
安住當下此刻，
放下愁苦之流，
雙手擁抱生命。

這是一首歌的歌詞，寫於一九九〇
年梅村冬季禪營，靈感來自《法華
經》中的窮子喻，以及《金剛經》
中對布施的解說。

歸願

沉香薰寶殿，
蓮開佛身現，
法界成清淨，
眾生苦惱滅。

皈依三寶──

佛是我本師，
圓滿覺悟者，
相好妙莊嚴，
悲智皆圓滿。

法是光明道，
帶人離迷岸，
正念覺醒中，
離苦得喜樂。

僧是和合眾，
幸福道同行，
修行得解脫，

和合安樂住。

誠心皈依三寶，
願於修行道上，
得見自性三寶，
每天精勤修習，
光亮心中瑰寶。

願隨呼吸微笑，
觀照世間萬物，
理解眾生苦痛，
修行慈悲喜捨。

早晨予人喜樂，
午後助人離苦。
生活少欲知足，
美善安定和睦。
身體康健強壯，
放下憂思煩惱。
學習寬恕包容，
身心輕安自在。

願報答四恩，

父母師長恩，
朋友眾生恩。
願精勤修學，
悲智花常開，
救度眾生苦。

祈願佛法僧，
護持我等眾，
皆大願圓成。

皈依

吸氣，
我回來依止內在的島嶼。
島嶼上有美麗的樹木，
清澈的溪流和小鳥，
陽光和清新的空氣。
呼氣，
我感到安全。
我享受回到內在島嶼。

吸氣，
我接觸內在的佛陀。
佛陀是正念，照亮道路
——歸途去處，生命心路。
呼氣，
我清晰地看見道路
——遠和近。

吸氣，
在呼吸中，我找到佛法。
呼吸是保護身心的法。

呼氣，

我安住於呼吸，

持續得到保護。

吸氣，

五蘊是我的僧伽。

覺知呼吸，建立和諧安穩。

呼氣，

我享受身心一體。

偈頌

漫步於真諦，
應用雙腳走，
並非用頭腦，
否則將迷失。

聽法於真諦，
秋葉飄滿天，
秋月照古道，
法非滿非空。

論法於真諦，
相視而微笑。
你也正是我，
聽已即是說。

進食於俗諦，
滋養眾祖先。
為後代啟路，
共覓向上道。

憤怒於俗諦，
閉目看未來。
三百年以後，
你我在何方？

休息於真諦，
頭枕雪山上，
雙手抱彩雲，
成重疊山巒。

坐禪於俗諦，
成道於每刻。
菩提樹下坐，
多寶佛塔現。

行禪

牽著我的手，
一起走。
只是行走，
享受行走而不思量抵達何方，
安詳喜悅地走著。

邁著安詳喜悅的步子，
我們知道，
無有安詳之路，
安詳即是路；
無有喜悅之路，
喜悅即是路。

我們手牽手，
為自己走，為眾生走。
在行走的每一刻觸及安詳，
在行走的每一刻觸碰喜悅。

清風徐來，
朵朵花兒在腳下綻放。

用雙腳輕吻大地母親，
印上我們的愛與幸福。
吾安大地安。

呼吸

吸氣，我視自己為花朵，
清新如露水。
呼氣，我的雙眼是花兒，
慈眼視眾生。

吸氣，我是一座山，
泰然自若，
沉著寂靜，
充滿活力。
呼氣，我感到安穩，
情緒的波浪不會把我帶走。

吸氣，我是靜止的水，
如實反照天空。
我心有滿月，
菩薩清涼月。
呼氣，心鏡圓滿照見。

吸氣，我是無限空間，
再無憂慮，也無負荷。

呼氣，我是月亮，

自在常遊畢竟空。

自由

這身體不是我，

我不限於這身。

我是無有邊界的生命，

我從未生，亦未曾死。

看著海闊天高，萬千星空，

一切皆是真如妙心的顯現。

無始以來我就自由，

生死只是我們進出之門，

我們旅程中神聖的門檻，

生與死是一場捉迷藏的遊戲。

和我一起笑，

握著我的手，

讓我們道別，

好在不久之後再遇。

我們今天相遇，

明天將再遇。

我們正在源頭相遇，

在每一刻，

我們在萬物中相遇。

祈願和平

莊嚴端坐蓮台，
大雄慈父釋迦。
我們心意清淨，
雙手合為蓮花，
恭敬歸向調御，
至誠獻上願辭。

禮敬十方諸佛，
慈悲智慧融通，
憐憫苦難眾生。
國土戰爭二十載，
國家分裂，
骨肉分離，
老幼同哭，
兒子遠征，
母親欲哭無淚。
錦繡河山撕裂，
只剩血淚流淌，
兄弟互相殘殺，
只為遠近教唆。

禮敬十方諸佛，
憐惜愛護眾生，
請助我們銘記，
南北本是一家。
請讓慈悲升起，
兄弟情誼無邊，
請將功利主義，
化為悲憫包容。
願諸佛慈悲護佑，
助我們心無仇恨。
願觀音菩薩慈愛救苦，
讓國土再次花開。
摯誠敬獻心香，
祈請轉化三業。
心靈花開遍地，
慧炬照亮萬家。

禮敬釋迦牟尼佛，
大願大悲度眾生。
我們誠心發願，
念慈愛與互助，
行憐憫與團結，
說和諧慈愛語。

祈願越南和平，

人人圓圓成大願。

一九六五年，在「不要向自己的兄弟開槍」的運動中，這篇祈願文用於整個南越，以喚起人們致力和平工作的意願。在年輕人的聚會中，我們唱誦這首詩，將我們的心和努力結合起來，繼續為和平盡力。我們大多數人是佛教徒。這首詩的目的是和解與停止戰爭。這是一種非常有力的溝通方式，也是我們可以和西方朋友分享的。

詩題對照表

英中對照（以拉丁字母排序）

越中對照（沒有英文翻譯的詩作）